古代文史名著选译丛书

主编 章培恒 安平秋 马樟根

尚书选译

修订版

译注 李国祥 刘韶军 谢贵安 庞子朝

审阅 宗福邦

凤凰出版传媒集团 凤凰出版社

图书在版编目（CIP）数据

尚书选译 / 李国祥等译注. -- 南京：凤凰出版社，
2011.5
（古代文史名著选译丛书）
ISBN 978-7-5506-0327-1

Ⅰ．①尚… Ⅱ．①李… Ⅲ．①中国历史－商周时代
Ⅳ．①K221.04

中国版本图书馆CIP数据核字（2011）第045882号

书　　名	尚书选译
译 注 者	李国祥　刘韶军　谢贵安　庞子朝
责任编辑	汪允普
出版发行	凤凰出版传媒集团
	凤凰出版社（原江苏古籍出版社）
	南京市中央路165号　邮编　210009
	发行部电话 025-83223462
集团网址	凤凰出版传媒网　http://www.ppm.cn
照　　排	江苏凤凰制版有限公司
印　　刷	江苏新华印刷厂
	南京市张王庙88号　邮编 210037
开　　本	960×1304毫米　1/32
印　　张	6.75
字　　数	109千字
版　　次	2011年5月第1版　2011年5月第1次印刷
标准书号	ISBN 978-7-5506-0327-1
定　　价	14.00元

（本书凡印装错误可向承印厂调换，电话：025-85521756）

《古代文史名著选译丛书》编委会

顾 问

周 林　　邓广铭　　白寿彝

主 编

章培恒　　安平秋　　马樟根

编 委

（均按姓氏笔划多少排列）

马樟根　平慧善　安平秋　刘烈茂　许嘉璐
李国祥　金开诚　周勋初　宗福邦　段文桂
董治安　倪其心　黄永年　章培恒　曾枣庄

（以上为常务编委）

王达津　吕绍纲　刘仁清　刘乾先　李运益
杨金鼎　曹亦冰　常绍温　裴汝诚

（以上为编委）

《古代文史名著选译丛书》修订版
出版说明

　　呈献在读者面前的这套《古代文史名著选译丛书》是 2011 年的修订版。全书共 134 册,包括了中国从先秦至清末两三千年间的著名典籍。每部典籍都选其精粹(《论语》《老子》则全文收录),收录原文,加以简明的注释,力求准确地译为现代汉语,并于每一篇之前写有对该文的提示性说明。这是近一个世纪以来,规模最大、收录种类相对齐全、译注质量较高的一套普及传统文化的今译丛书。

　　这套丛书,原在 1992 年—1994 年由巴蜀书社分三批出齐,印行过万套;不久,又由台湾的出版机构买去海外版权在台湾及海外发行,可见这套丛书当年在两岸受欢迎的程度。时隔 17 年,丛书编委会决定重新修订,改由江苏凤凰出版集团所属的凤凰出版社出版。

  这套丛书是由教育部属下的全国高等院校古籍整理研究工作委员会(简称古委会)于1985年策划的。古委会组织了全国18所大学的古籍整理研究所的所长任编委会编委,由我们三人任主编,在全国范围内选请学有专长的学者承担各书的译注。从1986年—1992年,历时7年完成。当时,编委会制订了严明、可行的体例和细则,译注者按要求完成书稿。每部书稿完成后,都在全国范围内请编委会之外的专门研究这一学术领域的两位专家初审,合格后再请两位编委参照初审意见审改,然后退还原译注者改正。待原译注者改正后,再由编委会集中常务编委和部分编委、相关专家在一地将每部书稿从头至尾审改。这样的集中审稿会一般都在8—15天,7年中开了12次审改会。审改后,三位主编再集中在一起逐一审定,交付出版社。这一工作程序,使得这套丛书的译注质量有了一定的提高。所以,这套丛书,在一定程度上是个人与多人合作的结果。关于这套丛书的编纂始末,我们曾在1992年4月全书交稿后写有一篇文章,这次附在修订版书末,便于读者了解。

这次修订,是交由原译注者自己修改。少数译注者已去世,则书稿一仍其旧。个别译注者已联系不上,也保持原貌。

1992年—1994年出版时,书前有当时古委会主任周林先生写的序。周林先生是这一丛书的发起者。他已于1997年6月去世,至今已14年了。为了尊重历史,也为了纪念他,修订版仍用他的序。

我们三人在1985年—1992年主持这套丛书工作时,年龄大的是从51岁到58岁之间,年龄小的是从44岁到51岁之间,那时尚有精力组织、参与这一工作,今天我们都已年逾古稀。全书修订版出版之际,心情似乎比当年更惴惴不安地期待着读者的评头品足,期待着不要对读者贻误太多。

回想这套丛书,真应该感谢我们的祖先为我们留下了这样深厚、丰富的思想、文化遗产,使我们今天仍然受用无穷。应该感谢这套丛书的全体译注者、审阅者、编委和当年的出版者巴蜀书社、今天的出版者凤凰出版社,是他们的学识、辛勤与真诚使得这套丛书得以面世。

章培恒　马樟根　安平秋
2011年3月15日

序

《古代文史名著选译丛书》与广大读者见面了。这是丛书编委会的同志与众多专家学者通力协作、辛勤耕耘的结果。

中华民族在五千年漫长的岁月里,创造了光辉灿烂的文化,给人类留下了丰富的精神财富。"观今宜鉴古,无古不成今"。今天,以马克思主义的科学理论为指导,整理研究我国古代文化典籍,做到汲取精华,剔除糟粕,古为今用,推陈出新,使人们在正确认识民族历史的同时,得到爱国主义的教育,陶冶道德情操,提高全民族的文化素质,促进社会主义文化的繁荣,使文明古国的历史遗产得以发扬光大,这是我们每个炎黄子孙的责任。而要做到这样,对古籍进行整理与研究是重要的基础工程。但是,整理与研究古籍仅作标点、校勘、注释、辑佚还不够,还要有今译,使老年人、中年人、青年人都愿意去读,都能读懂,以便从中得到教益。

  基于以上认识,全国高等院校古籍整理研究工作委员会于1986年5月组成了以章培恒、安平秋、马樟根三位同志为主编的《古代文史名著选译丛书》编委会,确定了以全国十八所大学的古籍整理研究所为主力承担这一看似轻易、实则艰巨的今译任务。在第一次编委会议上,拟定了《凡例》、《编写与审稿要求》、《文稿书写格式》和一百余种书目。以每一种书为十万至十五万字计算,这套丛书大约有一千余万字,应该说是一项大工程。经过一年的努力,完成了第一批三十六部书稿的译注任务。在各研究所的专家与所长把关的基础上,于1987年5月和7月,先后在复旦大学、北京大学召开了部分编委参加的审稿会,通过了二十五部书稿,作为《古代文史名著选译丛书》与广大读者见面的第一批作品。与此同时,在1987年7月6日,邀请了在京的十几位专家教授与编委会十几位编委一起座谈这套丛书与古籍今译的问题。专家们肯定了今译工作的必要性与深远意义,并以他们数十年的教学科研和创作的经验,说明今译是一项难度很大的工作,是培养人才,使之打下坚实基本功的一种有效方法;专家们还对《古代文史名著选译丛书》提出了宝贵的建议,这对当时的审稿工作和保证《丛书》的质量起了很好的作用。

实践证明,古籍的今注不易,今译更难。没有对作品的深入、透彻的研究,没有准确、通俗、生动的语言表达能力,要想做好今译是不可能的。两年多来,全国高等院校古籍整理研究工作委员会在探索古籍的今注、今译的道路上,做了一些工作。这部丛书的出版,是系统今译的开始,说明古籍整理研究工作有了新的进展。更可喜的是,一批中青年学者参加了今注今译工作,为古籍整理增添了新生力量,相信他们会在实践中,在学习中,成长成熟。我希望,这套丛书的编委会和高校各古籍整理研究所要敞开大门,加强同国内外专家学者的联系,征求他们和广大读者的意见,并向有真才实学而又适宜做今译工作的专家学者约稿,以提高古籍译注的水平,使《古代文史名著选译丛书》的第二批、第三批作品的质量更上一层楼。

这是一套以文史为主的大型的古籍名著今译丛书。考虑到普及的需要,考虑到读者对象,就每一种名著而言,除个别是全译外,绝大多数是选译,即对从该名著中精选出来的部分予以译注,译文力求准确、通畅,为广大读者打通文字关,以求能读懂报纸的人都能读懂它。我希望这套丛书能成为中小学教师的语文、历史教学的参考书,成为大专院校学生的课外读物,成为广大文史爱好者的良师益友。由于系统的古籍今译工作还刚刚起步,这套丛书定会有不少缺点、错误,也诚恳地希望读者批评指正。

　　巴蜀书社要我为这套丛书写序,我欣然接受了。我相信这套丛书不仅会使八十年代的人们受益,还将使子孙后代受益,它将对祖国的繁荣昌盛起到点滴的作用。最后借此机会向曾给予我们支持、帮助的专家学者和巴蜀书社的同志表示衷心的感谢!并殷切地希望台湾同胞、港澳同胞、海外侨胞和我们一同做好祖先留给我们的文化遗产的整理工作,为中华民族灿烂的文化再放异彩而努力!

周　林

1987年10月于北京

目 录

前言 ……………………………………………… 001

尧典 ……………………………………………… 001

皋陶谟 …………………………………………… 022

禹贡 ……………………………………………… 039

甘誓 ……………………………………………… 060

汤誓 ……………………………………………… 064

盘庚(上) ………………………………………… 068

盘庚(中) ………………………………………… 078

盘庚(下) ………………………………………… 085

高宗肜日 ………………………………………… 089

西伯戡黎 ………………………………………… 093

牧誓 ……………………………………………… 097

洪范 ……………………………………………… 103

康诰 …………………………………… 119
酒诰 …………………………………… 134
召诰 …………………………………… 146
无逸 …………………………………… 159

编纂始末 ……………………………… 001
丛书总目 ……………………………… 001

前　言

　　《尚书》是我国现存最古的一部历史文献。它实际是古代文献的汇编本,其中有真实可靠的档案文献,也有后世人根据传闻整理记载的文献史料,还有一部分是时代更晚的人编造的文字资料。它所记述的史事,上起唐尧、虞舜,下至春秋战国时期,包括了一千三百多年的历史阶段。根据学者们的研究,在《尚书》保存的真实文献中,时代最早的要数《商书》里的《盘庚》上、中、下三篇,这三篇记叙的是盘庚迁都于殷的史实,是盘庚死后整理成的文献。盘庚迁殷的史事,发生于公元前十四世纪前期,那么它距今已有三千三百多年的历史,据此,我们就可了解到《尚书》有多么高的文献史料价值!

《尚书》,本来称为《书》,根据《论语》记载,孔子曾经以《诗》、《书》等教育弟子。我们从文献典籍中可以看到,春秋战国时期,《诗》和《书》都在社会上流传,被许多著述所称引,引《书》较多的著作有《孟子》、《左传》、《国语》、《墨子》、《荀子》、《吕氏春秋》等。那时引用《书》里的词句,有的直接标举《书》云,有的则称"《夏书》曰"、"《商书》曰"、"《周书》曰"。虽然《庄子·天下篇》里提到《六经》,但一般著述都只称《诗》、《书》等等,直到后来《诗》、《书》被确定为儒家经典,才有称《诗经》、《书经》的。至于把《书》称为《尚书》,是西汉时才开始通行的。在《史记》一书里,有时仍称《书》,有时又称《尚书》。为什么称为《尚书》呢?一般学者认为,"尚"与"上"同义通用,《尚书》就是"上古的书"的意思。此外也有学者认为是"上古帝王的书",或者说是君上的言论,史臣所书写,所以叫做《尚书》。这些说法显然有歧异,不完全相同,我们认为,这部书记述的都是时代久远的事情,把它理解为"上古的书"较为恰当。

《尚书》既然是上古的书,源远而流长,它曾经过后人整理编纂,就是很自然的事了。《史记》、《汉书》里都说到孔子编定《尚书》的事,很显然,这是根据当时人的传说而记述的。至于孔子是不是曾编定《尚书》，众说纷纭，很不一致。我们今天根据文献的记载，可以肯定的只是孔子在传布《尚书》方面，确实是做出了重要贡献。他在聚徒讲学时，就以《尚书》的内容教育门人弟子，后来在战国时期《尚书》广泛流传于社会上，与孔子的传扬显然有重要的关系。

《尚书》在流传中，经过了秦始皇时的焚书厄运。秦始皇曾下令焚毁民间所藏的《诗》、《书》、"百家语"、"诸侯史记"等，民间流传的《尚书》被焚毁殆尽。自此之后，《尚书》的传布便出现了复杂的问题。

西汉文帝时，想要征召能传授《尚书》的学者，后来得知民间有一位能通《尚书》的学者伏生，文帝便派晁错前去受学。伏生名胜，是秦博士，当秦始皇焚书时，他把竹简写成的《尚书》藏在墙壁里，经过秦末陈胜、吴广等发难的农民起义以及楚汉战争，到了天下较为安定的时候，他才把墙壁里藏着的《尚书》拿出来，在家乡齐、鲁一带传授给门徒。他传授的《尚书》是用汉朝通用的文字写成的。到后来由于发现过用古文字写成的《尚书》，因此便称伏生所传的《尚书》为《今文尚书》，而把后来发现的古文字所写《尚书》称为《古文尚书》。伏生所传的《今文尚书》共有二十八篇，其篇名是：

一、尧典；二、皋陶（yáo 摇）谟；三、禹贡；四、甘誓；五、汤誓；六、盘庚；七、高宗肜（róng 绒）日；八、西伯戡黎；九、微子；十、牧誓；十一、洪范；十二、金縢；十三、大诰；十四、康诰；十五、酒诰；十六、梓材；十七、召（shào 邵）诰；十八、洛诰；十九、多士；二十、无逸；二十一、君奭（shì 式）；二十二、多方；二十三、立政；二十四、顾命；二十五、费誓；二十六、吕刑；二十七、文侯之命；二十八、秦誓。这二十八篇在《史记》里都载录了，除了有些文字出于训释的动机有所改动外，几乎没有什么遗漏，它是《尚书》后来传本的基础，而且就其师承授受的情况看，也是可信的。前面我们已经说到伏生所传《尚书》是出自他自己的壁藏中，它是可靠的文献，不容怀疑。他在齐、鲁间传授给弟子，到了汉宣帝时，有三人自立门户进行传授，他们是欧阳高、夏侯胜，和夏侯胜的侄子夏侯建。欧阳高，当时人称之为"欧阳家"，夏侯胜称为"大夏侯家"，夏侯建称为"小夏侯家"。这三家都被立于学官，各置博士一员，各家所传弟子都不少，影响很大。其承传是脉脉相续的。

这里我们要说到《古文尚书》的问题。前面已提到，因为发现有古文写的《尚书》，所以才把伏生所传的称为《今文尚书》。今文实际指的是汉代通行的隶书。那么古文指的是什么呢？指的当是篆籀之类的文字。汉朝初年虽已通行隶书（今文），但当时学者中还有熟悉古文的，也有传播古文书籍的。如在《史记·自序》里，司马迁就说他自己"年十岁则诵古文"。尽管有人对这"古文"的记载有怀疑，但我们没有证据否定当时仍有古文书籍的存在，也不能否认当时有熟悉古文的学者。关于发现《古文尚书》的情况，历史文献里有明确的记载，我们应该重视这些记载。《史记·儒林列传》里说："孔氏有《古文尚书》，而安国以今文读之，因以起其家，逸书得十余篇。"这里指的是孔子的后人确实传下有用古文字写的《尚书》，而且孔安国用今文释读了它，这《尚书》比《今文尚书》多出逸书十多篇。也就是说，《古文尚书》和《今文尚书》不仅是字体不同，而且篇数也有所不同。

除了《史记》里的记载之外，在《汉书·艺文志》、《汉书·儒林传》、《汉书·楚元王传》（录刘歆《移太常博士书》）里都有关于孔氏《古文尚书》的记载,大体上《古文尚书》出自孔氏壁中,篇目比《今文尚书》多出十多篇,孔安国曾以今文释读等,其基本说法是相近的。我们由此可以得知《古文尚书》发现后还存在过一个时期,而且还献给了朝廷,只是没有列入学官。到了西汉哀帝时,刘歆建议将古文旧书如《左传》《毛诗》《逸礼》《古文尚书》等列于学官。哀帝于是命刘歆与五经博士们议论这件事,但遭到博士们的冷落,因此而引发了经今文与经古文之争。这种争论,实际上涉及广泛的学术问题和政治问题。但就《古文尚书》而言,除在新莽时期的短期内曾列于学官之外,长时期都被摈于学官之外。直到东汉章帝时,曾接受贾逵对《古文尚书》的推荐,并于建初四年(79)召集学者们在白虎观开了一次古文学家及今文学家参加的会议,交流了学术观点。今古文经学之争至此才趋于缓和。《古文尚书》也在学者中更受到重视,影响在扩大。一些著名的学者如马融、郑玄等都兼通今、古文各经,特别是郑玄,他注解《尚书》便兼采今、古文各派的说法,成为集大成的经学家,在中国学术史上居于十分重要的地位。

从学术的价值取向而言,古文经学家的解经优于今文经学家。比如今文《尚书》家解经着重于"章句之学",他们对实事求是的解释经文不加措意,而追求对各章各句作琐碎解说,解说词讲些微言大义,借题发挥,以宣扬谶纬迷信思想、儒家的政治伦理思想以及某些荒诞不经的历史传说等,繁琐枝蔓,在学术研究的导向上造成偏差。与此相反,古文经学家解经则讲求实际,他们注重文字词义的解释,名物制度及历史问题的考索,使人易于领悟经文的本义,具有更为实在的学术价值。尽管从事古文经学研究的学者有他们的成就,但是,终东汉之世,今文经学总是列于学官,到了东汉灵帝熹平四年,由著名学者蔡邕主持刊勒经文于石碑上,这被称为"熹平石经",其中的《尚书》乃是《今文尚书》。至于《古文尚书》则已亡佚了。

欧阳,大、小夏侯所传的《今文尚书》,在经过西晋"永嘉之乱"以后失传,于是郑玄注的《尚书》曾经一度广泛流传。不过这种情况后来发生了重要的变化。据说东晋元帝时,豫章内史梅赜献上所谓有孔安国传的《古文尚书》,这部《尚书》在社会上很快便流传开来,甚至取代郑玄注《尚书》的地位。其特点是篇目多,比伏生所传《尚书》多出二十五篇,又在伏生《尚书》中分出五篇,加上《书序》共有五十九篇。到唐朝初年,孔颖达主撰《五经正义》,采用的《尚书》就是这种有孔安国传的《古文尚书》。这以后以孔安国传为注、孔颖达正义为疏的本子成为官方的定本颁行,郑玄注《尚书》也就失传了。到了宋代,又把孔安国传和孔颖达的正义正式合刻为《尚书注疏》,明清时汇编于《十三经注疏》内。

自从有孔安国传的《古文尚书》在东晋流传以后,虽然其在学术界占据了重要地位,具有深刻而且广泛的影响,但是,它逐渐引起学者们的怀疑,由于它是真伪相糅合的本子,其破绽是不可能掩盖的。宋代的吴棫在其所撰《书稗传》中提出质疑,首先提出二十五篇古文不可信的问题。后来朱熹、蔡沈都揭示出其中有魏晋间人作伪的问题,经过明代的梅鷟、清代阎若璩等人的考证,断定有孔安国传的《古文尚书》其经传都不是孔安国所传,而是魏晋间人所伪造的。细致分析起来,这部《尚书》除伪作的《序》之外,经文共有五十八篇,其中汉代所传的二十八篇经文仍保存着,但它在这二十八篇中离析而增加了三篇,就是将《尧典》的后半部分分为《舜典》一篇;《皋陶谟》后半部分分为《益稷》一篇;《顾命》

后半部分分为《康王之诰》一篇。另外编造了二十二篇经文，是为伪作经文，其篇名是：《大禹谟》《五子之歌》《胤征》《仲虺之诰》《汤诰》《伊训》《太甲上》《太甲中》《太甲下》《咸有一德》《说（yuè悦）命上》《说命中》《说命下》《武成》《旅獒》《微子之命》《蔡仲之命》《周官》《君陈》《毕命》《君牙》《冏（jiǒng）命》。在以上新增的二十二篇外，还借用汉代的《泰誓》篇名，伪作《泰誓》上、中、下三篇，这样其伪作共有二十五篇之多。

从《尚书》的传世过程中，我们大致已了解其中复杂的情况，但要作深入研究，就应参考前人及今人已有的研究论著。这样的论著很多，不能一一介绍。清代学者孙星衍的《尚书今古文注疏》是比较详备的著作，足资我们参考。我们在这里就怎样认识汉代二十八篇传世经文的真确性问题，介绍现今著名学者刘起釪先生的见解。刘先生在1980年4月为李民先生的《尚书与古史研究》一书所写的序言里这样说："二十五篇伪古文已确定之后，保存在伪孔本中的原已失散了的今文二十八篇，就成了非常可贵的资料。因为它们是商周时代形成的历史文献保留下来的难得的几篇，要研究古代历史，就非靠它们不可。但它们可靠到什么程度，也不一样，大致可分为下列三组：第一组，可信为真文件者。《周书》：《大诰》、《康诰》、《酒诰》、《梓材》（虽由错简拼集）、《召诰》、《洛诰》、《多士》、《多方》、《吕刑》、《文侯之命》、《费誓》、《秦誓》（另有《孟子》说过的《武成》，在伪古文中是伪篇。但《汉书·律历志》中引的《武成》，均为《逸周书·世俘》之文，可知《武成》保存在《逸周书》中，却题为《世俘》）。《商书》：《盘庚》三篇（是受周文字影响的商代真材料）。第二组，基本是真文件，但经过后来加工，因而文字较平顺，或思想内容有稍异于原时期者。《夏书》：《甘誓》。《商书》：《汤誓》、《高宗肜日》、《西伯戡黎》、《微子》。《周书》：《牧誓》、《洪范》、《金縢》、《无逸》、《君奭》、《立政》、《顾命》。第三组，肯定是战国时利用一些古代旧材料加以编造的。《虞书》：《尧典》、《皋陶谟》。《夏书》：《禹贡》。"

以上是刘起釪先生的见解，很值得我们重视。

《尚书》向来被认为是文字艰深，文章诘倔聱牙，难于读懂的一部历史文献，如果不参稽古今学者的训解，确实很难理解各篇经文的本义。好在古今学者为正确介绍《尚书》、准确训释《尚书》词义做了卓有成效的工作,使得我们能够比较容易地读懂它、领会它。现在《尚书》的研究性论著已不少,《尚书》的注译本也不少,读者可以选取多种本子以资参考,收到事半功倍的效果。我们编写的这一选译本,主观上是力求做到简明正确,通俗易晓,并尽量汲取古今学者的研究成果,避免偏颇之弊,以期对读者有所裨益。但是,限于我们的水平,注译疏失不当之处想必是有的,敬希读者批评指正。

李国祥（华中师范大学历史文献研究所）
刘韶军（华中师范大学历史文献研究所）
谢贵安（武汉大学历史学院）
庞子朝（华中师范大学历史文献研究所）

尧　典

　　《尧典》是今文尚书的第一篇。它是尧舜以后的人们根据传闻整理而成的一篇文字,而非尧舜当时的记录。其中的内容既有真实的成分,也有后人的增润,这是上古典籍的通弊,今天已无法确切分清。

　　《尧典》在今文二十八篇内自为一篇,后人有将其分作《尧典》《舜典》二篇者,如唐孔颖达《尚书正义》等。这里仍从伏生二十八篇的名目,合为一篇。

　　《尧典》的内容是关于尧和舜两个人的事迹。前半部叙述尧的事,后半部叙述舜的事。其中记载了尧、舜个人的品格德行、事功、为政措施及选拔任命官吏、挑选继承人等情况，还介绍了当时的历法情况。是一篇了解我国上古时期情形的重要文献。

曰若稽古①，帝尧曰放勋②，钦明文思安安③，允恭克让④，光被四表⑤，格于上下⑥。克明俊德⑦，以亲九族⑧。九族既睦⑨，平章百姓⑩。百姓昭明⑪，协和万邦⑫，黎民于变时雍⑬。

———————

① 曰若：发语词。稽：考，考查。 ② 尧：传说中的古代帝王。放勋：尧的名字。 ③ 钦：敬，恭谨。明：明智，洞悉一切。文：文雅。思：深思，有头脑。安安：雍容大度，庄重沉静。 ④ 允：诚然，诚信。恭：恭敬。克：能。让：谦让。 ⑤ 光：光明，指声望。被：遍及。四表：四海之外，指普天之下。 ⑥ 格：至。上下：指天地。 ⑦ 明：表彰，指任用提拔。俊：才智出众的人。德：德行出众的人。 ⑧ 以：用。九族：高祖、曾祖、祖、父、己、子、孙、曾孙、玄孙九辈亲族。 ⑨ 既：已经。睦：和睦，团结。 ⑩ 平：辨别。章：章明。平章指调治管理。百姓：此指邻近的众多氏族。 ⑪ 昭：明。昭明，义同平章。指已得到调治管理。 ⑫ 协：合，指统一。和：和好，融洽。万邦：此指更广大地区的众多氏族。 ⑬ 黎：众。于：于是。变：变化，改变。指经尧的治理，万邦众民已有所变化。时：是，此。雍：和，和睦。

乃命羲、和①,钦若昊天②,历象日月星辰③,敬授民时④。分命羲仲⑤,宅嵎夷⑥,曰旸谷⑦。寅宾出日⑧,平秩东作⑨。日中⑩,星鸟⑪,以殷仲春⑫。厥民析⑬,鸟兽孳尾⑭。

---

① 羲(xī西):氏族名,羲氏历代掌管天官之事。和:氏族名,和氏历代掌管地官之事。 ② 若:顺,顺从,遵循。昊(hào号):广大。 ③ 历:推算,指推算天象的运行以制定历法。象:观察,指观察天象的运动和变化,来作为制历的基础和依据。日月星辰:泛指天空一切星象及其运动和变化。 ④ 敬:恭敬谨慎。授:指宣布,颁布。时:四时,此指历法和四时的节候。 ⑤ 分:分别。羲仲:羲氏第二子。 ⑥ 宅:居住。嵎(yú余)夷:东方海滨,今已无法确定其位置。 ⑦ 旸(yáng阳)谷:地名,传说中的日出之处。 ⑧ 寅:恭敬。宾:迎接。出日:刚出升的太阳。 ⑨ 平:辨别。秩:次第,次序。指观察测量不同季节日出的不同高度和不同时间,以确定年月四季的推移变化。东作:太阳在东方升起。 ⑩ 日中:指春分。这时白日的时间长度与夜晚正好相当,与冬季白日短、夏季白日长不同。 ⑪ 星鸟:指二十八宿的南方朱雀七宿,其中的星宿在仲春之月春分之日黄昏之时正在南方夜空。 ⑫ 殷:正,指据日中星鸟的时刻来确定仲春的时刻。仲春:春季的第二个月,春分在此月中。 ⑬ 厥:通"其"。此字在《尚书》中很常见,一般都作"其"。析:分散,指农民此时分散在田野进行耕种。 ⑭ 孳(zī资):繁殖,孵化。尾:交尾,交配。

申命羲叔①,宅南交②。平秩南讹③,敬致④。日永⑤,星火⑥,以正仲夏⑦。厥民因⑧,鸟兽希革⑨。

　　分命和仲⑩,宅西⑪,曰昧谷⑫。寅饯纳日⑬,平秩西成⑭。宵中⑮,星虚⑯,以殷仲秋⑰。厥民夷⑱,鸟兽毛毨⑲。

----

① 申:重,又。羲叔:羲氏第三子。 ② 南交:南方交趾地区。郑玄注:"夏不言'曰明都'三字,摩灭也。"以为"宅南交"句下原有"曰明都"三字,与春秋冬"曰旸谷"、"曰昧谷"、"曰幽都"同例。今正文从古本之旧,仅在注文中说明一下。 ③ 南讹:太阳在南方天空的运行变化。南,南陆,指南方天空。讹,动,化。 ④ 敬致:恭敬地等待太阳到来,与上文"钦若"、"寅宾"意思相类。 ⑤ 日永:白日长于夜晚。 ⑥ 星火:指大火星,即二十八宿东方苍龙七宿中的心宿,夏至之时的黄昏正在南方夜空。 ⑦ 仲夏:夏季的第二个月,夏至在此月中。 ⑧ 因:解衣劳作。 ⑨ 希:稀少。革:皮,指毛羽稀疏而现皮。 ⑩ 和仲:和氏第二子。 ⑪ 西:西方。司马迁《史记》作"宅西土"。 ⑫ 昧谷:传说中的日落之处。 ⑬ 饯:送行。纳日:入日,落山的太阳。 ⑭ 成:完成,结束。西成,指太阳落山,运行终了。 ⑮ 宵:夜。中:适中,日与夜时间长短相当。宵中指秋分之时。 ⑯ 星虚:指二十八宿北方玄武七宿中的虚宿,秋季黄昏时正在南方夜空。 ⑰ 仲秋:秋季第二个月,秋分在此月中。宵中星虚以殷仲秋,是说据宵中星虚的时刻确定仲秋的时刻。 ⑱ 夷:平,静。此时农业无事,期待收获。 ⑲ 毨(xiǎn显):更生而密盛。

申命和叔①，宅朔方②，曰幽都③。平在朔易④。日短⑤，星昴⑥，以正仲冬⑦。厥民隩⑧，鸟兽氄毛⑨。

帝曰："咨⑩！汝羲暨和⑪，期三百有六旬有六日⑫，以闰月定四时成岁⑬。允厘百工⑭，庶绩咸熙⑮。"

帝曰："畴咨若时登庸⑯？"放齐曰⑰："胤子朱⑱，启明⑲。"帝曰："吁⑳！嚚讼㉑，可乎？"

尧典

---

① 和叔：和氏第三子。 ② 朔方：北方地区。 ③ 幽都：地名，传说中北方的中心，今无法详考。 ④ 在：观察。朔：北方。易：转变。指太阳至最南就开始变向北方运行。 ⑤ 日短：指冬至，白日短，夜晚长。 ⑥ 星昴（mǎo 铆）：指二十八宿的西方白虎七宿中的昴宿，冬季黄昏它正在南方夜空。 ⑦ 仲冬：冬季第二个月，冬至在此月中。此句谓根据日短和星昴的时刻来确定冬至的时刻。 ⑧ 隩（yù 玉）：厚衣取暖。 ⑨ 氄（rǒng 冗）：细密。冬季鸟兽毛羽细密柔软浓厚。 ⑩ 咨：叹词，哎，喂。 ⑪ 暨：与，和。 ⑫ 期：一年。有：又。以三百六十六天为一年之数，实际上太阳年只有三百六十五又四分之一天。 ⑬ 以闰月定四时成岁：古历为太阴历，一年只有三百五十四天，较实际天数差十一又四分之一天。经过三年就差一个月左右，故须置闰月定四季和每年的终始。 ⑭ 允：用，以。厘：治理，安排，整顿。工：官。 ⑮ 庶：众。绩：事功。熙：兴，完成。 ⑯ 畴：谁。咨：语气词。若：顺，善，指处理好政务。时：此，指政务。登：升，指提拔。庸：用，任用。 ⑰ 放齐：人名。 ⑱ 胤子：嫡长子。朱：胤子的名字。 ⑲ 启明：开明。 ⑳ 吁：叹词，表惊异、奇怪。 ㉑ 嚚（yín 银）：虚伪奸险。讼：争讼。

帝曰:"畴咨若予采①?"骧兜曰②:"都③!共工方鸠僝功④。"帝曰:"吁!静言庸违⑤,象恭滔天⑥。"

帝曰:"咨!四岳⑦,汤汤洪水方割⑧,荡荡怀山襄陵⑨,浩浩滔天⑩。下民其咨⑪,有能俾乂⑫?"佥曰⑬:"於⑭!鲧哉⑮。"帝曰:"吁!咈哉⑯,方命圮族⑰。"岳曰:"异哉⑱!试可乃已⑲。"帝曰:"往!钦哉⑳!"九载㉑,绩用弗成㉒。

帝曰:"咨!四岳。朕在位七十载,汝能庸命巽朕

---

① 予:我。采:事,指政务。 ② 骧(huān欢)兜:人名。 ③ 都:叹词。 ④ 共工:人名。方:大。鸠:聚集。僝(zhuàn撰):具,指已经做出。 ⑤ 静:善。静言,漂亮话。庸:用,指实际行动。违:邪僻。 ⑥ 象:似。恭:敬。滔:轻慢。 ⑦ 四岳:负责四方的长官。 ⑧ 汤汤(shāng shāng,商商):水势浩大的样子。方:普遍。割:害,危害。 ⑨ 荡荡:大水奔涌冲激的样子。怀:包围。襄:漫上来。陵:山陵。 ⑩ 浩浩:水势浩大的样子。滔天:言洪水极大,像要漫到天上去了。 ⑪ 咨:忧叹,忧愁。 ⑫ 俾(bǐ比):使。乂(yì义):治理。 ⑬ 佥(qiān牵):全都。 ⑭ 於(wū乌):语气词。 ⑮ 鲧(gǔn滚):人名,传说是禹的父亲。 ⑯ 咈(fú伏):违背,乖戾。 ⑰ 方:放弃,违背。命:教命。圮(pǐ痞):毁坏。族:族类,指氏族。 ⑱ 异:举,举用。 ⑲ 可:叵,不可。已:停止,罢免。 ⑳ 钦:敬。 ㉑ 载:年。 ㉒ 绩:功,指事功。

位①?"岳曰:"否德忝帝位②。"曰:"明明扬侧陋③。"师锡帝曰④:"有鳏在下⑤,曰虞舜⑥。"帝曰:"俞⑦!予闻。如何?"岳曰:"瞽子⑧,父顽,母嚚⑨,象傲⑩,克谐⑪,以孝烝烝⑫,乂不格奸⑬。"帝曰:"我其试哉!女于时⑭,观厥刑于二女⑮。"厘降二女于妫汭⑯,嫔于虞⑰。帝曰:"钦哉!"

慎徽五典⑱,五典克从⑲。纳于百揆⑳,百揆时叙㉑。

① 汝:你们。庸:用。命:天命。巽:践,登,指继任。② 否(pǐ痞):鄙陋。忝(tiǎn舔):辱。③ 明明:举荐贤明,第一个明字是动词,第二个明字是名词。扬:选拔举用。侧:在旁,指隐伏疏远者。陋:卑微之人。④ 师:众人。锡:赐言,指建议。⑤ 鳏(guān观):无妻的人。下:下层民间。⑥ 虞舜:传说中的古代帝王。⑦ 俞:表示肯定。⑧ 瞽:盲人。⑨ 顽:愚钝。嚚:虚伪奸险。⑩ 象:舜的弟弟。傲:倨傲而不务正业。⑪ 谐:和好。⑫ 烝烝:忠厚孝顺的样子。⑬ 乂:治理。格:至。奸:邪恶。⑭ 女:嫁女于人。时:此,指舜。⑮ 刑:法度,行动规矩。二女:尧的两个女儿,据说一叫娥皇,一叫女英。⑯ 厘:命令。降:下嫁。妫(guī龟):水名。汭(ruì瑞):河水弯曲处。⑰ 嫔(pín贫):出嫁作人妻。虞:虞舜。⑱ 慎:慎重。徽:和,指调和、主持。五典:即五常,五种行为规范,即父义、母慈、兄友、弟恭、子孝。这是古代德治教化的主要内容。⑲ 从:顺,指顺畅无阻。⑳ 纳:使某人进入某处。指让舜去主持众多事务。揆(kuí奎):事务。百揆言其繁多。㉑ 时:是,表示肯定。叙:整齐有序,井井有条。

宾于四门①,四门穆穆②。纳于大麓③,烈风雷雨弗迷④。帝曰:"格⑤!汝舜!询事考言⑥,乃言底可绩⑦,三载,汝陟帝位⑧。"舜让于德,弗嗣⑨。

正月上日⑩,受终于文祖⑪。在璇玑玉衡⑫,以齐七政⑬。肆类于上帝⑭,禋于六宗⑮,望于山川⑯,遍于群

---

① 宾:迎宾。四门:明堂宫垣的四方之门,在四门迎接四方来宾。 ② 穆穆:肃穆敬重。 ③ 麓(lù路):山林。 ④ 迷:迷失方向。 ⑤ 格:至,来。 ⑥ 询:咨询谋划。考言:听取意见并进行考核审察,以便施行。 ⑦ 乃:你。言:指舜的主张,对政务的安排。底(zhǐ纸):致,取得。绩:成功。底可绩,犹言可底绩。 ⑧ 陟(zhì制):升任,登上。 ⑨ 让:谦让,推让。嗣:继位。 ⑩ 上日:朔日,即初一。 ⑪ 受终:接受尧的让位。文祖:祖庙。 ⑫ 在:观察。璇(xuán玄)玑(jī基)玉衡:一种天文仪器。璇,美玉。玑,旋转,指仪器的旋转部分。衡,仪器的横标部分。玑衡配合来观测推算天象。 ⑬ 齐:协调整理。七政:日月五星的运行情况。 ⑭ 肆:于是。类:临时性的祭天,将某大事上告于天。 ⑮ 禋(yīn因):祭祀。六宗:天地间一种神气,帮助天地四时六者运动变化。宗,主。 ⑯ 望:遥望而祭山川。山川:五岳和四渎,即东岳泰山、西岳华山、中岳嵩山、北岳恒山、南岳衡山五山和江、河、济、淮四水。

神①。辑五瑞②,既月乃日③,觐四岳群牧④,班瑞于群后⑤。

岁二月,东巡守,至于岱宗⑥,柴⑦。望秩于山川⑧,肆觐东后⑨。协时月正日,同律度量衡⑩。修五礼⑪、五玉⑫、三帛⑬、二生、一死⑭,贽⑮。如五器⑯,卒乃复⑰。

五月,南巡守,至于南岳,如岱礼⑱。八月,西巡守,至于西岳,如初⑲。十有一月朔巡守⑳,至于北岳,如西

---

① 遍:按尊卑秩序祭丘陵等处的群神。 ② 辑:聚敛,集中。五瑞:五等诸侯所执五等玉圭,用作等级身分的信符,自公至男为桓圭、信圭、躬圭、穀圭、蒲圭。 ③ 既:已经。月乃日:指通过占卜选择吉月和吉日。 ④ 觐(jìn近):朝见天子,指让诸侯来朝见。牧:地方长官。 ⑤ 班:分,分发。群后:指四岳群牧。 ⑥ 岱宗:泰山。岱,长。宗,主。言泰山为五岳之长,群山之主。 ⑦ 柴:祭祀泰山,积柴加牲燔烧以祭。 ⑧ 秩:次第,等级。五岳为三公一级,四渎为诸侯一级。 ⑨ 肆:于是。东后:东方的诸侯。 ⑩ 同:统一。律:音律,指十二律吕。度:长度单位,指寸尺丈寻。量:容量单位,指升斗斛。衡:重量单位,指斤两。四者由一套神秘数字推演而成。 ⑪ 五礼:公、侯、伯、子、男五等诸侯朝聘之礼。 ⑫ 五玉:即五瑞,执之曰瑞,陈列曰玉。 ⑬ 三帛:赤黑白三种缯帛,用来荐五玉。 ⑭ 二生:指活的羊羔和大雁。一死:指死的雉。 ⑮ 贽(zhì致):初相见时所执之礼品。卿执羔,大夫执雁,士执雉。 ⑯ 如:授予。五器:五种授贽之器。 ⑰ 卒:已,结束,指礼毕。复:归返。 ⑱ 如岱礼:和到泰山的礼节仪式一样。 ⑲ 如初:和到东方南方一样。 ⑳ 朔:北方。

尧典

礼。归,格于艺祖①,用特②。

五载一巡守,群后四朝③,敷奏以言④,明试以功⑤,车服以庸⑥。肇十有二州⑦,封十有二山⑧,浚川⑨。

象以典刑⑩,流宥五刑⑪,鞭作官刑⑫,扑作教刑⑬,金作赎刑⑭。眚灾肆赦⑮,怙终贼刑⑯。钦哉钦哉!惟刑之恤哉⑰!

---

① 艺祖:祖庙。 ② 特:公牛,用一头公牛祭祀祖先。 ③ 群后:四方诸侯。四朝:巡至一方,该方诸侯就来朝见,四方分别朝见,故曰四朝。 ④ 敷:遍。奏:诸侯向王汇报。 ⑤ 明:公平认真。试:考核。功:功绩。 ⑥ 车服:车马衣物等,王用来奖赏有功诸侯。庸:用,指奖赐车服。 ⑦ 肇:开始设置,划分疆界。十二州:冀、兖、青、徐、荆、扬、豫、梁、雍、幽、并、营州。 ⑧ 封:筑坛祭天。每州指定一山作为该州之镇,并在其上筑坛祭天。 ⑨ 浚:疏浚河道。 ⑩ 象:画像。典:常。典刑,常用的主要刑罚。 ⑪ 流:流放,刑法中关于流放的内容。宥(yòu幼):宽大,刑法中关于宽宥的内容,据说是对年幼、年老及痴蠢三种人宽大。五刑:刑法中墨、劓、刖、宫、大辟五种肉刑。 ⑫ 鞭:鞭打。官刑:用于官吏的刑罚。 ⑬ 扑:用树枝荆条抽打。 ⑭ 金:铜。赎(shú熟)刑:有关用铜赎罪的法律。 ⑮ 眚(shěng省):过失,指偶然性的无意过失。灾:害,指过失造成的危害。肆:遂,于是。 ⑯ 怙(hù互)终:有恃无恐。终,谓自始自终不加改正。贼:杀,指特意重惩。 ⑰ 恤(xù叙):冷静谨慎。

流共工于幽州①,放驩兜于崇山②,窜三苗于三危③,殛鲧于羽山④,四罪而天下咸服⑤。

　　二十有八载,帝乃殂落⑥。百姓如丧考妣⑦,三载,四海遏密八音⑧。月正元日⑨,舜格于文祖,询于四岳,辟四门⑩,明四目⑪,达四聪⑫。

　　咨十有二牧⑬,曰:"食哉惟时⑭！柔远能迩⑮。惇德允元⑯,而难任人⑰,蛮夷率服⑱。"

① 流:流放。幽州:在今河北、辽宁一带。 ② 放:流放。崇山:据说在今湖北黄陂南。 ③ 窜:迁徙。三苗:上古江汉地区苗蛮集团的泛称,据说在今湖南、江西、湖北一带。三危:据说在岷山西南。 ④ 殛(jí急):流放。羽山:据说在今山东郯城东北。 ⑤ 四罪:治四人的罪。咸:全,皆。 ⑥ 帝:指尧。殂(cú粗阳平)落:死。 ⑦ 百姓:指贵族及百官。考:父亲。妣(bǐ比):母亲。 ⑧ 遏(è饿):停止。密:静,指不奏音乐。八音:八种乐器,即埙、管、鼓、笙、弦、磬、钟、柷敔。泛指一切音乐。 ⑨ 月正元日:正月初一。 ⑩ 辟:开。开四门,言接纳四方贤士。 ⑪ 明四目:使眼睛明亮,对于天下四方无所不见。 ⑫ 达四聪:耳听四方,无所不达。此三句指通过接纳四方贤士,博览兼听,使自己耳聪目明,来明察天下四方的情况。 ⑬ 咨:命令。牧:州的长官。 ⑭ 食:粮食,指农业生产。时:时令,农时。 ⑮ 柔:怀柔,安抚。能:亲善优待。迩(ěr尔):近。 ⑯ 惇(dūn敦):敦厚。允:诚信。元:善。 ⑰ 难:疏远,阻止。任人:佞人,巧言谄媚的人。 ⑱ 蛮夷:指边远地区的人。古以南方为蛮,东方为夷。率:循,顺从。服:服从。

舜曰："咨,四岳,有能奋庸熙帝之载①,使宅百揆②,亮采惠畴③。"佥曰："伯禹作司空④。"帝曰："俞咨,禹,汝平水土⑤,惟时懋哉⑥!"禹拜稽首⑦,让于稷、契暨皋陶⑧。帝曰⑨:"俞!汝往哉!"

帝曰："弃⑩,黎民阻饥⑪,汝后稷⑫,播时百谷⑬。"

帝曰："契,百姓不亲,五品不逊⑭,汝作司徒⑮,敬敷五教⑯,在宽⑰。"

---

① 奋:奋勉。庸:用,劳,指努力工作。熙:兴起,指完成,成功。帝:指尧。载:事。 ② 宅:居,指担任。百揆:本指众多的事务,此指从事这些事务的人,即百官。 ③ 亮采畴惠:言辅助舜主持全盘事务,督察百官分门别类各司其职。亮,相,辅助。采,事务。惠,顺。畴,类。 ④ 伯禹:即大禹。司空:天子三公之一,负责土地方面的事务。 ⑤ 平水土:即治理洪水。治水必动土,故水土连言。 ⑥ 时:是,此,指平水土之事。懋(mào冒):努力。 ⑦ 拜:古代敬礼的一种,取跪姿,拱手至地。稽(qǐ企)首:跪拜后拱手至地,然后引头至地停留一段时间。 ⑧ 让:推让,谦让。稷(jì计):人名,即下文的弃,尧时为稷官,主管农事,后改为司马,天下仍以后稷称之,弃是周的始祖。契(xiè泻):人名,商的始祖。皋陶(yáo摇):人名。 ⑨ 帝:指舜。 ⑩ 弃:即上文的稷。 ⑪ 阻:艰难困苦。 ⑫ 后:主持,担任。稷:主管农事的官。 ⑬ 时:通"莳",移植。百谷:各种谷物。 ⑭ 五品:父、母、兄、弟、子。逊:顺,指次序不乱。 ⑮ 司徒:掌管教化的长官。 ⑯ 敷:宣传,推行。五教:关于父义、母慈、兄友、弟恭、子孝的说教。 ⑰ 在宽:言以宽大教育为主。

帝曰:"皋陶,蛮夷猾夏①,寇贼奸宄②。汝作士③,五刑有服④,五服三就⑤。五流有宅⑥,五宅三居⑦。惟明克允⑧。"

帝曰:"畴若予工⑨?"佥曰:"垂哉⑩!"帝曰:"俞咨!垂,汝共工⑪。"垂拜稽首,让于殳斨暨伯与⑫。帝曰:"俞!往哉!汝谐⑬。"

帝曰:"畴若予上下草木鸟兽⑭?"佥曰:"益哉⑮!"帝曰:"俞咨,益,汝作朕虞⑯。"益拜稽首,让于朱虎、熊罴⑰。帝曰:"俞!往哉!汝谐。"

帝曰:"咨!四岳,有能典朕三礼⑱!"佥曰:"伯

---

① 猾:侵犯扰乱。夏:中国。 ② 寇:掠夺抢劫。贼:杀人。奸:外乱。宄(guǐ轨):内乱。 ③ 士:掌管刑狱的长官。 ④ 服:用,指五种肉刑的具体实施。 ⑤ 五服:实行五刑的五种方法:大刑用甲兵,其次用斧钺,中刑用刀锯,其次用笮钻,薄刑用鞭扑。三就:用刑在野、朝、市三处。 ⑥ 五流:五种流放。宅:居,指流放地。 ⑦ 五宅:五等流放地。三居:三处。指三处流放地,即四裔,九州之外,中国之外。 ⑧ 明:明察无误。允:信服。 ⑨ 畴:谁。若:顺,调顺。工:百工之官,负责制作各种器物。 ⑩ 垂:人名。 ⑪ 共工:是掌管百工的长官。 ⑫ 殳斨(shū qiāng 舒枪):人名。暨:及。伯与:人名。 ⑬ 谐:和谐,适当,指胜任。 ⑭ 上下:地势的高低,指山林薮泽。 ⑮ 益:人名。 ⑯ 虞:掌山泽禽兽的官。 ⑰ 朱虎、熊罴:皆臣名,可能是两个部落的首领。 ⑱ 典:主持。三礼:祭祀天神、地祇、人鬼的礼节。

夷①。"帝曰："俞咨！伯，汝作秩宗②。夙夜惟寅③，直哉惟清④。"伯拜稽首，让于夔、龙⑤。帝曰："俞！往，钦哉！"

帝曰："夔！命汝典乐，教胄子⑥。直而温⑦，宽而栗⑧，刚而无虐⑨，简而无傲⑩。诗言志⑪，歌永言⑫，声依永⑬，律和声⑭。八音克谐，无相夺伦⑮，神人以和。"夔曰："於！予击石拊石⑯，百兽率舞⑰。"

帝曰："龙！朕塈谗说殄行⑱，震惊朕师⑲。命汝作纳言⑳，夙夜出纳朕命㉑，惟允㉒。"

帝曰："咨！汝二十有二人，钦哉！惟时亮天功㉓。

---

① 伯夷：人名。 ② 秩宗：掌祭祀仪礼的官。 ③ 寅：敬。 ④ 直：正直。清：清白。 ⑤ 夔（kuí 奎）、龙：二臣名。 ⑥ 胄（zhòu 宙）子：嫡系子弟。 ⑦ 温：温和。 ⑧ 栗：严肃。 ⑨ 虐：粗暴。 ⑩ 简：疏略，不拘小节。傲：傲慢。 ⑪ 志：志向，思想。 ⑫ 永：拖长。 ⑬ 依：顺着，和着。 ⑭ 律：音律。 ⑮ 夺：侵犯，干扰。伦：次序。 ⑯ 石：石质乐器，磬属。此指各种乐器。拊（fǔ 俯）：拍击。 ⑰ 率（shuài 帅）：随顺。 ⑱ 塈（jì 即）：疾恶，畏忌。谗说：花言巧语，毁谤，挑拨，奉承。殄（tiǎn 舔）行：灭绝人性的暴行。 ⑲ 师：众人。 ⑳ 纳言：掌管收听意见和宣布王命的官。 ㉑ 出纳：出入，指听取和宣布。 ㉒ 惟：语气词，表示强调。允：诚实不欺。 ㉓ 亮：帮助。天功：即上天之事，亦即帝王之事。

三载考绩①。三考黜陟幽明②。"庶绩咸熙。分北三苗③。

舜生三十征,庸三十④,在位五十载⑤,陟方乃死⑥。

【翻译】

　　查考古代传说,帝尧名叫放勋,恭谨明智、文雅深思、安静大度,诚信恭敬又能谦让,声望遍及四海之外,至于天地。能表彰任用才智德行出众之人,以团结九族。九族既已团结,又治理更多的氏族。众多氏族既已治理,又协合和好万邦,民众于是变得如此和睦善良。

　　于是命令羲氏与和氏,敬顺昊天,推算观察日月星辰,恭敬地把四时的历法传授给民众。分别命令羲仲,居住在嵎夷叫做旸谷的地方,恭敬地迎接初升的太阳,辨别测量太阳东升的情况。当白日的长度适中,南方朱雀七宿出现在南方夜空时,就以此确定仲春季节。其时民众分散耕种,鸟兽交尾生殖。

---

　　① 考绩:考核成绩。　② 三考:九年考核三次。黜(chù处):罢免。陟(zhì智):提升。幽:不明,指不能胜任,无突出成绩者。明:与幽相反。　③ 北:别。分北,分散而流放。　④ 征:召。庸:用。舜三十岁受到尧的召见和试用。三十:三十年,指试用三年及居摄二十八年,约言三十。　⑤ 在位:即位。　⑥ 陟方:指巡守。陟,登,往。方,方国。据说巡守至苍梧而死。

又命令羲叔,住在南交,辨别测量太阳在南方运行的情况,恭敬地等待太阳到来。当白日长于夜晚,大火星在南方夜空时,就以此确定仲夏季节。其时民众解衣劳作,鸟兽毛羽稀疏。

又分别命令和仲,住在西方叫做昧谷的地方。恭敬地送别落山的太阳,辨别测量太阳西行的情况。当夜晚长度适中,虚宿在南方夜空时,就以此确定仲秋季节。其时民众无事,鸟兽毛羽密盛。

再命和叔,居住在北方叫做幽都的地方,辨别观察太阳的北行情况。当白日短,昴宿在南方夜空时,就以此确定仲冬季节。其时民众厚衣取暖,鸟兽毛羽细密。

帝尧说:"喂!你们羲氏与和氏,一年三百六十六日,用设置闰月的方法来确定四季形成的年岁吧。以便安排各种官员的职守,这样,众多的功业都能完成。"

帝尧说:"谁能处理好政务可以提拔任用呢?"放齐说:"嫡长子朱,开明可用。"帝尧说:"唉!他那么虚伪而又偏好争讼,怎么可用呢?"

帝尧说:"谁能处理好我的政务?"驩兜说:"啊!共工大量聚集民众已取得功绩。"帝尧说:"咦!他说和善好听的话而实际行动邪僻,貌似恭敬而轻慢上天。"

帝尧说:"喂!四岳,浩大的洪水到处为害,奔腾冲激包围了山岭,漫过了丘陵,浩浩荡荡要漫到天上。在下的民众忧叹愁苦,有谁能去治理洪水吗?"都说:"啊!鲧可以啊!"帝尧说:"咦!他乖戾啊!违背教命而毁坏氏族。"四岳说:"举用他吧!试了不行再罢免他。"帝尧说:"去吧!要敬谨啊!"过了九年,事功不成。

帝尧说:"喂!四岳,朕在位七十年,你们能用天命继任朕的位置吗?"四岳说:"鄙陋之德有辱帝位。"帝尧说:"那就举荐贤明,选拔隐居民间和出身卑微的人。"众人向帝尧建议:"有个鳏夫在下层民间,名叫虞舜。"帝尧说:"是的,我听说过。他到底怎么样?"四岳说:"是盲人的儿子,父亲愚钝,母亲虚伪,弟弟象倨傲,舜能与他们和谐共处,忠厚孝顺以敬孝父母,治理家事而使他们不至于奸邪。"帝尧说:"我将试用他呀!嫁女给舜,观察他对待两个女儿的言行。"命令下嫁两个女儿在妫水河湾,给虞舜作妻子。帝尧说:"要恭敬啊!"

舜慎重地主持五典,五典都顺利施行。舜主持众多事务,众多事务于是整齐有序。他在四门迎宾,四门的宾客肃穆敬重。让舜进入深山老林,遇到烈风雷雨而不迷路。帝尧曰:"舜!你来。向你咨询事务,考察你的言论,你的建议主张都可取得功绩,三年了,你升上帝位吧。"舜谦让给有道德的人而不愿继位。

正月初一,舜在祖庙接受尧的让位。观察璇玑玉衡,以协调日月七星的运行情况。于是向上帝祭祀报告,禋祭六宗,望祭山川,遍祭群神。聚集五等玉圭,选好月日后,让四岳群牧觐见,分发玉圭给群臣。

巡守那年的二月,舜先到东方巡视,到了岱宗泰山,柴祭泰山,按等级祭泰山和济水,于是让东方诸侯觐见。协调四时和月份日期,统一音律和度量衡制度。修定五等礼节、五等玉圭、三种色彩不同的缯帛、两种活的羊羔和大雁,以及一种死的山鸡作为初次见面时的礼品。授予五等授贽之器,礼毕乃归返。

五月,到南方巡视,来到南岳衡山,和到岱宗的礼仪一样。八月,到西方巡视,来到西岳华山,如当初到南方东方的礼仪一样。十一月,到北方巡视,来到北岳,如到西方的礼仪一样。反归,来到祖庙,用一头公牛祭祖。

每五年巡视一次,四方诸侯分别朝见,都来汇报政务,公平考核功绩,用车服作为奖励。舜设置划分了十二个州,封祭了十二座大山,疏浚了河道。

舜还以画像的形式来说明常用的刑罚,用流放的刑法,来宽恕犯了五种肉刑的罪犯。以鞭打作为官刑,扑打作为违教的刑罚,罚款作为赎罪的刑罚。对无意过失造成灾害的,可以赦免;怙恃而至终不改的,则加重处罚。恭敬啊,慎重啊!对于刑罚之事,要特别慎重啊!

流放共工到幽州,流放驩兜到崇山,迁徙三苗到三危,流放鲧到羽山。惩治了这四个罪犯,而天下的人都很佩服。

又过了二十八年,帝尧逝世了。天下百姓如同丧失了父母,三年之内,停止了演奏各种乐器。正月初一,舜来到祖庙,向四岳询问,打开四门以议政,使上下四方无所不察,天下民情无所不达。

命令十二牧,说:"粮食生产要按照农时,怀柔远方,优待近地。不仅要惇厚德行,诚实善良,而且要疏远谄媚巧言的佞人,那样蛮夷氏族都会顺服。"

帝舜说:"喂!四岳,有能勤奋工作兴盛帝王事业的人,就让他们担任各种官职,以辅助政务,顺畅各类职事。"都说:"伯禹可做司空。"帝舜说:"好吧,禹,你治理水土,努力此事啊!"禹下拜稽首,要谦让给稷、契和皋陶。帝舜说:"好!你去吧!"

帝舜说:"弃,黎民困苦饥饿,你主持农事之官,播植百谷。"

帝舜说:"契,百姓不和睦,五种人伦不顺洽,你做司徒,恭敬地宣教五种人伦之教,注意宽厚。"

帝舜说:"皋陶,蛮夷扰乱华夏,掠夺杀人,以致内忧外患,你做刑狱长官,五刑有具体法则,五刑在三处地方施行。五等流放各有其地区,五等流放地使三等罪人居住。只有明察无误,才能让人信服。"

帝舜说:"谁能管理好我的百工之业?"都说:"垂

啊!"帝舜说:"好啊! 垂,你就执掌百工吧。"垂下拜稽首,要谦让给殳斨和伯与。帝舜说:"好! 去吧! 你能胜任。"

帝舜说:"谁能管好我的山丘水泽和草木鸟兽?"都说:"益啊!"帝舜说:"好啊! 益,你做我的虞官吧。"益下拜稽首,要让给朱虎、熊罴。帝舜说:"好! 去吧! 你能胜任。"

帝舜说:"喂! 四岳,有人能主持我祭祀时的三礼吗?"都说:"伯夷。"帝舜说:"好啊! 伯夷,你做秩宗。无论早晚都要敬谨,要正直而清白啊。"伯夷下拜稽首,要让给夔、龙。帝舜说:"好! 去吧,慎重啊!"

帝舜说:"夔! 命你主持音乐,教育子弟。要正直而温和,宽宏而严肃,刚强而不粗暴,简略而不高傲。诗表达志向,歌是悠扬的言语,乐声要顺着悠扬的言语,音律要和着声音。八种乐器都能和谐,不互相干扰次序,那样神与人也就和谐了。"夔说:"好! 我忽而重击石磬,忽而轻拍石磬。那样,百兽都会随着跳舞。"

帝舜说:"龙! 我疾恶谗言暴行,因为这些言行会震惊我的群民。令你做纳言官,早晚听取和宣布我的命令,要诚实。"

帝舜说:"喂! 你们二十二人,敬慎啊! 要做好你们的职事,助成天帝的功业。三年考核成绩,三次考核后,罢黜昏暗的,提升贤明的。"众事都已成就。分别流放三苗。

舜出生三十年而被尧征召,居官三十年即帝位,又过五十年,在南巡时死去。

皋 陶 谟①

本篇是舜和皋陶、禹的一次讨论记录,他们商讨的主旨就是作为帝王应该如何从自己做起以便治理好国家的问题。其中皋陶的发言占了主要部分,因此称为皋陶谟。谟就是谋的意思,即皋陶关于帝王治国的一篇议论。

皋陶指出帝王治国的关键在于知人和安民两项大事,又提出了九德作为统治者的修养标准。他的意思是说作为统治者首先必须具备良好的德行素养,然后才能知人,才能安民,才能治理好国家。他的这种关于提高统治者

---

① 皋陶(yáo 摇):人名,禹的大臣。谟:谋议。

素质的看法,在中国历史上产生了深远的影响。因此,本篇可称为我国古代政论的典范文字。

当然,本篇也和《尧典》一样,存在着传闻与增润的问题。我们时处今日,不必对这些古代流传下来的文献资料过分苛求。我们只要知道它是古代传闻、后人必有增润即可。重要的是对这篇文字的主旨要有一个准确的理解,在此基础上才能深入探讨具体细节。

本篇文字自"帝曰来禹汝亦昌言"以下,伪《古文尚书》分出单作一篇,叫做《益稷》。今从《今文尚书》,不分作两篇。

曰若稽古,皋陶曰:"允迪厥德①,谟明弼谐②。"禹曰:"俞!如何?"皋陶曰:"都③!慎厥身④,修思永⑤,惇

---

① 允:信。迪:引导,指顺从,遵循。厥德:指帝王之德,皋陶所述皆帝王之德。 ② 谟:这里指治国方策。明:正确无误。弼:辅弼,指贵族大臣。谐:团结和谐。 ③ 都:表叹美之词。 ④ 慎:谨慎。身:自己。 ⑤ 修:治理。永:长久。

叙九族①,庶明励翼②,迩可远在兹③。"禹拜昌言④,曰:"俞!"

皋陶曰:"都!在知人⑤,在安民⑥。"禹曰:"吁!咸若时⑦,惟帝其难之⑧。知人则哲⑨,能官人⑩。安民则惠⑪,黎民怀之⑫。能哲而惠,何忧乎骧兜?何迁乎有苗⑬?何畏乎巧言令色孔壬⑭?"

皋陶曰:"都!亦行有九德⑮,亦言其人有德⑯,乃言曰:'载采采⑰。'"禹曰:"何?"皋陶曰:"宽而栗,柔而立⑱,

---

① 惇:惇厚,诚恳。叙:通"序",秩序。九族:高祖、曾祖、祖、父、己、子、孙、曾孙、玄孙九辈亲族。这句是说使九族风俗敦厚而秩序井然。 ② 庶:众多。明:明智者。励:勉力。翼:辅助。 ③ 在:到,到达。兹:表示肯定。 ④ 昌:当。此句指赞同这种说法。 ⑤ 知人:指知人善任。 ⑥ 安民:指爱护安定民众。 ⑦ 若:如。时:是,此。咸若时,是说完全做到这两点。 ⑧ 惟:虽。帝:指帝尧。其:语气词,表示强调。难之:难以做到。 ⑨ 哲:明智不可欺。 ⑩ 官人:封官用人。 ⑪ 惠:有恩惠。 ⑫ 怀:怀念。 ⑬ 有苗:即《尧典》中的三苗。 ⑭ 令色:谄媚的脸色。孔:甚。壬:奸佞。三句反诘,事见《尧典》。 ⑮ 亦:助词。行:品行。九德:即宽而栗等九德。 ⑯ 此句谓具备九德者可称为有德之人。 ⑰ 载:始。采采:事事,即做事,指治理国家。此句言可以开始治理国家了。 ⑱ 柔:温柔,近乎软弱。立:卓立,指有主见,有骨气。

愿而恭①，乱而敬②，扰而毅③，直而温，简而廉④，刚而塞⑤，强而义⑥。彰厥有常⑦，吉哉⑧！日宣三德⑨，夙夜浚明有家⑩。日严祗敬六德⑪，亮采有邦⑫。翕受敷施⑬，九德咸事⑭，俊乂在官⑮，百僚师师⑯，百工惟时⑰，抚于五辰⑱，庶绩其凝⑲。无教逸欲⑳，有邦兢兢业业㉑。一日二日万几㉒，无旷庶官㉓，天工人其代之㉔。天叙有

① 愿：谨慎朴实。恭：庄重有礼。 ② 乱：治事，指排乱解纷的才干。敬：认真谨慎。 ③ 扰：柔顺，善听别人的意见。毅：刚毅，果断。 ④ 简：简略不拘小节。廉：廉隅，指细节。 ⑤ 刚：刚强，勇敢。塞：充实，指有头脑，不鲁莽。 ⑥ 强：强大有力。义：善良，正义。 ⑦ 彰：明，显示。厥：指九德。常：形成习惯。 ⑧ 吉：利，指治国顺利。 ⑨ 宣：表现，实行。三德：及下文的六德，都是九德的部分德行。 ⑩ 浚：敬。明：勉力。家：大夫的采邑。有家，指做卿大夫。 ⑪ 严祗：恭敬。 ⑫ 亮：明。采：事。亮采指治事明智。 ⑬ 翕：合。翕受，指全部具有了九德。敷：普遍，广泛。 ⑭ 事：施行。 ⑮ 俊乂：才能出众者。在官：担任职官。 ⑯ 百僚：百官。师师：肃敬谨慎。 ⑰ 百工：众多官吏，级别低于百僚。惟时：及时，指不敢怠慢。 ⑱ 抚：顺从。五辰：四时，古以五行配四时，故称四时为五辰，此指天时。 ⑲ 凝：成功。 ⑳ 教：通"敩"，游玩。逸：放纵。欲：欲望。 ㉑ 有邦：掌有国家者。兢兢：戒惧警惕。业业：危险。 ㉒ 一日二日：日日，每天。几：事端。 ㉓ 旷：荒废。庶官：指百官。 ㉔ 工：事，指上天对下民的主宰。

典①,敕我五典五惇哉②。天秩有礼③,自我五礼有庸哉④,同寅协恭和衷哉⑤!天命有德⑥,五服五章哉⑦。天讨有罪,五刑五用哉⑧。政事懋哉懋哉⑨。天聪明⑩,自我民聪明⑪。天明畏⑫,自我民明畏。达于上下⑬,敬哉有土⑭。"皋陶曰:"朕言惠⑮,可厎行⑯?"禹曰:"俞!乃言厎可绩⑰。"皋陶曰:"予未有知,思曰赞赞襄哉⑱。"

　　帝曰:"来!禹,汝亦昌言⑲。"禹拜曰:"都,帝,予何

---

① 叙:决定人伦次序。典:常规。　② 敕:命令,告诫。五典:即五常,五种行为规范,即父义、母慈、兄友、弟恭、子孝。惇:厚。五惇,言以惇厚态度施行五典。　③ 秩:规定等级秩序。礼:礼仪。　④ 我:天子。五礼:自天子、诸侯、卿大夫、士、庶五等礼仪。庸:用,指使用五礼。　⑤ 同:同一不二。寅:敬。协:协合统一。和衷:指诚心协和。　⑥ 有德:有德的人。⑦ 五服:天子、诸侯、子男、大夫、士五等服装。五章:五种纹饰图案。　⑧ 五刑:墨、劓、剕、宫、大辟五种肉刑。五服:实行五刑的五种方法。大刑用甲兵,其次用斧钺,中刑用刀锯,其次用笮钻,薄刑用鞭扑。　⑨ 懋(mào茂):努力。　⑩ 聪:耳听。明:目视。　⑪ 自:由,通过。　⑫ 明:彰显,表彰有德者,指奖赏。畏:通"威"字,威惩无德者,指刑罚。　⑬ 达:通,指天子上通天下达民。上下:上天下民。　⑭ 有土:掌有国土者,指天子。　⑮ 惠:顺,指有道理。　⑯ 厎(zhǐ纸):致,指付诸实施。　⑰ 乃:你。绩:成功。　⑱ 曰:语助词。一说当作日,每日。赞赞:赞助,指努力辅助。襄:佐助。　⑲ 昌言:发表看法。昌,同"唱"。

言！予思日孜孜①。"皋陶曰："吁！如何?"禹曰："洪水滔天,浩浩怀山襄陵,下民昏垫②。予乘四载③,随山刊木④,暨益奏庶鲜食⑤。予决九川⑥,距四海⑦,浚畎浍⑧,距川,暨稷播奏庶艰食鲜食⑨。懋迁有无化居⑩,烝民乃粒⑪,万邦作乂⑫。"皋陶曰："俞！师汝昌言⑬。"

禹曰："都！帝,慎乃在位⑭。"帝曰："俞。"禹曰："安汝止⑮,惟几惟康⑯,其弼直⑰,惟动丕应⑱。徯志以昭受上

---

① 日:每日。孜孜:勤奋不息。 ② 昏垫:淹没。 ③ 乘四载:谓陆行乘车,水行乘船,泥行乘橇,山行则用钉鞋。 ④ 随:沿着。刊木:砍树做为标记。 ⑤ 暨:及,和。益:人名,见《尧典》。奏:进奉,指给予。庶:众人。鲜食:指鱼鳖之类。 ⑥ 决:疏导。九川:言众多的河流。 ⑦ 距:致,使河水到达大海。 ⑧ 浚:疏浚河道。畎浍(quǎn kuài 犬快):都是指田间的水沟。 ⑨ 稷:人名,见《尧典》。播:播种百谷。艰食:一本作根食,根食指根生植物。 ⑩ 懋:通"贸",贸易。迁:迁徙,指贩运。有无:指互通有无,进行贸易。化:同"货"。居:积贮物品。 ⑪ 烝:众。粒:米。此指有粮食吃。 ⑫ 作:始。乂:治理。 ⑬ 师:斯,此。昌言:美言。 ⑭ 乃:你。 ⑮ 安:静,亦谨慎之意。止:通"趾",指行动。此句是说不要轻举妄动。 ⑯ 惟:思。几:危。康:安。指居安思危,以求统治稳定。 ⑰ 弼:辅佐之人。直:正直。 ⑱ 动:活动,指帝王的统治措施。丕:大。丕应,指天下广泛响应。

帝①,天其申命用休②。"帝曰:"吁!臣哉邻哉,邻哉臣哉③!"禹曰:"俞。"帝曰:"臣作朕股肱耳目④。予欲左右有民⑤,汝翼⑥。予欲宣力四方⑦,汝为⑧。予欲观古人之象,日、月、星辰、山、龙、华虫作会⑨,宗彝、藻、火、粉米、黼、黻、絺、绣⑩,以五采彰施于五色⑪,作服⑫,汝

① 俟(xī 息):等待。俟志,谓平心静气地等待。昭:明。② 其:语气词,表示将要。申:重复,多次。命:赐命,赐给。用:以。休:美,指福禄。申命用休,是说多次以福禄赐授给你。 ③ 邻:邻近,左右。此二句谓禹等人在我左右为我辅弼,表示愿望和叮咛语气。 ④ 股:指腿。肱(gōng 公):臂膀。股肱耳目,比喻帝王的重要辅臣。 ⑤ 左右:引导,此指统治控制。有民:我所抚有之民。 ⑥ 翼:辅助。 ⑦ 宣:布。宣力四方指将统治力量广布于四方,无所不至。 ⑧ 为(wéi 围):动词,具体做事,指具体推行宣力四方之事。 ⑨ 华虫:雉。会:绘。以上六者画于上衣。 ⑩ 宗彝:宗庙所用酒器,有虎、蜼之形,此指虎、蜼之形。蜼(wěi 尾):长尾猴。藻:水草。粉米:白米。黼(fǔ 府):斧形。黻(fú 福):两己字相背之形。絺(chī 吃):缝制。以上六者刺绣在下衣之上。 ⑪ 五采:五种颜色。未用时称采,已染称色。 ⑫ 作服:制成天子及公、侯、伯、子、男五等服装。

明①。予欲闻六律五声八音②,在治忽③,以出纳五言④,汝听。予违汝弼⑤,汝无面从⑥,退有后言⑦。钦四邻⑧。庶顽谗说⑨,若不在时⑩,侯以明之⑪,挞以记之⑫,书用识哉⑬,欲并生哉⑭。工以纳言⑮,时而飏之⑯,格则承之庸之⑰,否则威之⑱。"禹曰:"俞哉。帝光天之下⑲,至于

---

①明:负责辨明等级。 ②六律:此指十二律吕,古代以三分损益法将一个八度的音分作十二个音,又分作阴阳两种。阳称律,即黄钟、太簇、姑洗、蕤宾、夷则、无射;阴称吕,间隔在律音之间,即林钟、南吕、应钟、大吕、夹钟、仲吕。此言六律,包括六吕。五声:宫、商、角、徵、羽五个音阶。 ③在:察。治:治理。忽:治的反义,指政事荒怠。 ④出纳:指听取和宣布。此以纳言为主。五言:指众多的各种言论。 ⑤违:背离,指做错事,背离正道。弼:劝谏以纠正。 ⑥无:毋,不要。面从:当面顺从。 ⑦此句是说退下去背后议论。 ⑧四邻:古之帝王辅佐不止一人,有前疑、后丞、左辅、右弼,这就是四邻。此句是说帝王要尊敬四邻。 ⑨说:通"悦",指谄媚。 ⑩在:察。时:此。 ⑪侯:箭靶,此用作动词,有标明、指出之意。 ⑫挞(tà踏):击。 ⑬书:写下来。用:以。识:记住。 ⑭生:进,长进,有改过更生以求进步之意。 ⑮工:官,此指辅臣。纳言:采纳意见。 ⑯时:时时。飏:举,此指上报于帝王。 ⑰格:正。承:接受。庸:用。 ⑱否(pǐ匹):阻隔不通,指不通报。威:惩处。 ⑲光:广,指整个天下。

海隅苍生①，万邦黎献②，共惟帝臣，惟帝时举③。敷纳以言④，明庶以功⑤，车服以庸。谁敢不让⑥？敢不敬应⑦？帝不时⑧，敷同日奏⑨，罔功⑩。"

〔帝曰〕⑪："无若丹朱傲⑫，惟漫游是好⑬，傲虐是作⑭。罔昼夜頟頟⑮，罔水行舟⑯，朋淫于家⑰，用殄厥世⑱。予创若时⑲。"

〔禹曰〕⑳："娶于涂山㉑，辛壬癸甲㉒。启呱呱而

---

① 隅：角。苍生：黎民百姓。 ② 黎：民众。献：贤能之人。黎献指民众中的贤者。 ③ 时：是，此，之，指黎献。举：提拔使用。惟帝时举，是说希望帝提拔使用他们。 ④ 敷：普遍。纳：采纳听取。 ⑤ 明庶：即明试。庶，此为考察之意。 ⑥ 让：谦让有序。 ⑦ 应：响应，顺从。敢不敬应，是说不敢不敬应。 ⑧ 时：此，这样。 ⑨ 敷：普遍。同：混同，不加区分。奏：进用。日奏，指日日进用。 ⑩ 罔：无。下同。 ⑪ "帝曰"二字据孙星衍考证增补。 ⑫ 无：毋。若：似。丹朱：传说是帝尧之子。 ⑬ 惟：只。漫：懒惰散漫。游：游玩。好（hào 浩）：喜好。 ⑭ 虐：暴虐。作：为，指做这些事。 ⑮ 罔昼夜：不分昼夜。頟頟（é 额）：无休无止。 ⑯ 罔水：指浅水泥沼。行舟：让人在浅水中推引。 ⑰ 朋：读为凤，放纵。淫：过度胡作非为。 ⑱ 用：以，因此。殄：灭绝。世：父子相继。 ⑲ 创：惩戒，这里是意动用法，以为惩戒。若时：若此，如此。 ⑳ 依《史记》增补二字，孙星衍以为古文原有此二字。 ㉑ 涂山：一个氏族部落。 ㉒ 古以干支纪日，辛壬癸甲代表连续的四天，指新婚后只在家呆了四天就去治水。

泣①,予弗子②,惟荒度土功③。弼成五服④,至于五千⑤。州十有二师⑥,外薄四海⑦,咸建五长⑧,各迪有功⑨。苗顽弗即工⑩,帝其念哉⑪。"帝曰:"迪朕德⑫,时

皋陶谟

① 启:禹之子。呱呱(gū孤):婴儿哭泣声。 ② 子:爱抚照顾。 ③ 惟:只。荒:忙。度:谋划,筹划。土功:指治理水土的事。 ④ 弼:辅佐。成:完成,指对五服的划分和统一。五服:古以王城为中心,依距离远近划分为五种地区,五百里之内为甸服,其外五百里为侯服,又其外五百里为绥服,又其外五百里为要服,又其外五百里为荒服,此泛指广大地区。 ⑤ 五千:五千里。五服各以五百里向外延伸,总计其直径达到五千里。 ⑥ 州:禹治水后分为九州,舜继位后又分为十二州。师:州下面的行政区。八家为邻,三邻为朋,三朋为里,五里为邑,十邑为都,十都为师,每州有十二师。 ⑦ 薄:迫近,此指到达。 ⑧ 建:立,任命。五长:指五等诸侯,作为地方统治首长。 ⑨ 迪:导,统领。功:成功,指有效统治。 ⑩ 苗:南方氏族部落。顽:顽固不化。即:就,顺从。工:官,指五长等官员。此句是说只有苗人不听管教,不服从统治。 ⑪ 其:语气词,此处表示愿望语气。念:念念不忘,指重视此事。 ⑫ 迪:引导。迪朕德,谓用我的威望德行引导苗民。

乃功惟叙①。"皋陶方祗厥叙②,方施象刑③,惟明④。

夔曰戛击鸣球、搏拊、琴瑟以咏⑤,祖考来格⑥,虞宾在位⑦,群后德让⑧。下管鼗鼓⑨,合止柷敔⑩,笙镛以间⑪。鸟兽跄跄⑫,箫韶九成⑬,凤凰来仪⑭。夔曰:"於!

---

① 时:是,此。乃:于是。功:事,指抚化苗民之事。惟:语气词,表示将要。叙:次序。指苗民顺服统治,不再混乱无序。 ② 方:于是,下同。祗(zhī脂):敬。厥:指舜。叙:德。敬舜之德,是说恭敬地以舜之德抚化万民,这是统治方法之一,以德威化。 ③ 象刑:指法典,见《尧典》注。施象刑,谓按法典执法。这也是统治方法之一,以刑惩恶。 ④ 明:指国家治理得很好,政治清明。 ⑤ 曰:通"爰",于是。戛(jiǎ夹):敲。戛击泛指敲打弹拨乐器。鸣球:玉磬。搏拊(fǔ府):用皮革作成鼓形,中装谷糠,敲击作为节拍。咏:歌唱。这一段是说舜率群后在祖庙的活动,表示对其统治成功的庆贺。 ⑥ 考:父亲。祖考,泛指祖先,此指祖先的神灵。格:至,言闻乐而至。古人以为音乐可以沟通人神,见《尧典》。 ⑦ 虞:舜。宾:宾客。祖先为主,舜为宾。在位:处在宾客之位。 ⑧ 后:诸侯国君。群后指众多的国君。德让:谦让。指互以德行谦让先后。 ⑨ 下:演奏乐器者的位置,在堂下。管:竹管乐器的总称。鼗(táo桃):有耳有柄的小鼓。 ⑩ 合:开始合奏。止:停止奏乐。柷(zhù住):一种乐器,击柷为奏乐开始。敔(yǔ语):乐器名,状如伏虎,击敔则奏乐停止。 ⑪ 镛(yōng庸):古代乐器,奏乐时表示节拍的大钟。间:交替演奏。 ⑫ 鸟兽:指人化装成鸟兽。跄跄(qiāng枪):舞蹈貌。 ⑬ 箫韶:古乐名。成:告一段落。 ⑭ 仪:匹,指雌雄成对。这里也是人扮的凤凰,下言"百兽",也是同样。

予击石拊石,百兽率舞,庶尹允谐①。"

帝庸作歌②,曰③:"敕天之命④,惟时惟几⑤。"乃歌曰⑥:"股肱喜哉⑦,元首起哉⑧,百工熙哉⑨!"皋陶拜手稽首飏言曰⑩:"念哉⑪! 率作兴事⑫,慎乃宪⑬,钦哉! 屡省乃成⑭,钦哉!"乃赓载歌曰⑮:"元首明哉⑯,股肱良

---

① 庶:众。尹:官。允:诚信。 ② 庸:用,于是。 ③ 曰:说。此字单独为句,表示下二句是歌之前的讲话。 ④ 敕:戒敕,指君臣对天命要互相戒敕,提高警觉,保持不失。 ⑤ 惟:思,指注意。时:时时。几:微,指事端,即危险的苗头。惟时惟几,指时时都要戒敕警觉,注意各种危险的苗头,以保天命不失。 ⑥ 乃:于是。歌:唱。 ⑦ 股肱:比喻大臣。 ⑧ 元首:元首本是指头,此用来比喻帝王君主。起:兴起,指在大臣辅助下而有所作为。 ⑨ 百工:百官。熙:成。此指百工各尽其职,各种事务皆得成功。 ⑩ 拜手:古礼,取跪姿拱手至地,然后低头至手,但不触地,又称空首。行稽首礼前,先行拜手礼,简称拜。稽首:跪姿拱手低头至地,并停留一段时间。臣对君用此礼。飏:通"扬",举。飏言,即高声说。 ⑪ 念:记在心中。 ⑫ 率:循,指遵循帝舜的告诫。作:做事,指各负其责进行工作。兴:起。兴事,指将各种事务做得更好更有成效。 ⑬ 乃:你们。宪:法,指各种法律及规章制度。 ⑭ 屡:多次反复。省(xǐng醒):思考考察。乃:始,才。成:指进行工作并完成任务。 ⑮ 赓:继续,接着。载:为,作。 ⑯ 明:贤明。

哉,庶事康哉①!"又歌曰:"元首丛脞哉②,股肱惰哉③,万事堕哉④。"帝拜曰⑤:"俞!往钦哉!"

【翻译】

考察古来的传说,皋陶说:"要能真正遵循帝王之德,那样就会谋划明智而辅臣和谐。"禹说:"好!怎么样呢?"皋陶说:"啊!谨慎其自身,修治政务以思永久,使九族风俗敦厚而秩序井然,众多明智者勉力辅助,统治便可由近而达远了。"禹下拜赞同此言,说:"好!"

皋陶说:"啊!在于知人,在于安民。"禹说:"咦!都像这样,虽帝尧也难以做到。知人就为明哲,就能够任人为官。安民则有恩惠,黎民会怀念他。能明哲而恩惠,还用得着担忧驩兜?用得着迁徙三苗?用得着畏惧巧言令色和大奸之人?"

皋陶说:"啊!品行上有九种德性,就说其人有德,便可对他说道:'可开始治事了。'"禹说:"九德是什么?"皋陶说:"宽大而严肃,温柔而有主见,朴实而庄重,有治事的才干而认真谨慎,柔顺而刚毅,正直而温和,简略而

---

① 庶事:众事。康:安,指不值得担忧。 ② 丛脞(cuǒ搓):繁琐、琐碎。指陷于小事,不知抓大事。 ③ 惰:不敬重其事,懒散。 ④ 堕:毁坏,失败。 ⑤ 拜:作揖。

能注意细节,刚强而充实,强劲而正义。彰明九德而保持经常,吉利啊!每日实行三种德行,早晚敬谨勉力就能做卿大夫。每日恭敬地实行六种德行,就能治事明智而做诸侯。合具九德而广泛实践,九德皆能施行,就会使贤才在官,百官肃慎,百工按时完成职责,顺从天时,众事皆成。不要遨游而放纵欲望,掌管国家兢兢业业。每日成千上万的事端,不旷废百官的工作,上天的事业人将代它完成。天决定人伦秩序而有常规,以五典和五种敦厚态度敕诫我啊。天规定等级秩序而有礼仪,由我执行五等礼仪啊,使人们同心敬慎诚心协和啊!天命有德之人,施以五等服装及五种纹饰啊。天讨伐有罪之人,施以五种刑罚和五种处置办法啊。对政事努力啊努力啊。上天耳聪目明,是由于我民的耳聪目明。天明赏威罚,是来自我民的明赏威罚。上天下民相通达,恭敬啊有土之人。"皋陶说:"我的话有道理,可付诸实行吗?"禹说:"是的!你的话实施可得成功。"皋陶说:"我还没有自信,只是想努力地辅佐啊。"

　　舜帝说:"来!禹,你也谈谈。"禹下拜说:"是,舜帝,我说什么?我想每日勤奋不息。"皋陶说:"噫!如何呢?"禹说:"洪水滔天,水势浩大漫上山陵,民众淹泡在水中。我乘四种工具,沿山砍树,与益一起给予众人鲜食。我疏导众多河流,使洪水到达大海,疏浚水沟,使水流进大河,与稷一起播种,给予民众粮食鲜食。贸易贩运,互通有无,购买积贮,众民才有饭吃,万邦才太平无事。"皋陶说:"好!这是你的美言。"

禹说:"是的!舜帝,你在位要敬慎。"帝舜说:"好!"禹说:"安定你的举止,想着危难,想着安宁,其辅佐的人正直,一有行动便大家都会响应。安静等待以明白地接受上帝之命,天将多次赐以福禄。"舜帝说:"噫!做我的臣啊在我的左右啊,在我的左右啊做我的臣啊!"禹说:"是的!"舜帝说:"臣作我的股肱耳目。我要统治民众,你辅助。我想把力量广布于四方,你来做。我想观看古人的装饰形象,日、月、星辰、山、龙、雉作为彩绘,宗彝、水草、火、粉米、黼黻作为刺绣,用五彩鲜明地施上五色,做成服装,你来分辨明白。我想听六律五声八音,以察知治理还是荒怠,要取舍不同的意见,你来注意听取。我有过失,你要劝谏辅佐,你不要当面顺从,退下去又背后议论。要敬重四邻。那些愚顽谗媚之人,我若没有觉察,你们就指出而表明之,挞击而记录之,书写下来以便让我识记。希望他们共同上进啊。辅臣要搜集不同的言论,时时上报,好的就接受采用它,否则就惩处它。"禹说:"好啊!舜帝,普天之下,直到海角的民众,万邦的黎民贤者,同是您的臣子,由您来举用他们。普遍听取意见,明确考察功绩,车服用来赏赐。谁敢不谦让?谁敢不恭敬顺应？帝要是不这样，好坏混同，虽日日进用人，也不会成功。"

[舜帝说]："不要像丹朱那样傲慢，只知散漫爱好游玩，只知去干傲慢暴虐的事。不分昼夜无休无止，无水还要行舟。放纵淫乱于家内，因此灭绝其世袭权利。我以丹朱那样的行为为惩戒。"

[禹说]："我在塗山娶妻，在家只住了四天。启呱呱地哭泣，我不照抚他，只是忙着筹划治水土的事。辅佐完成五服的统一，使疆土达到五千里之外。每州划分十二个师，向外迫近四海，都任命了五长，各自领导成功。但苗民顽固不顺从官员，帝要念念不忘啊。"舜帝说："用我的德行引导他们，这样会使三苗顺从的。"皋陶于是敬重他的德行，于是施行象刑，政治清明。

夔于是敲击玉磬、皮鼓和琴瑟而歌唱，祖先神灵来到，虞在宾客之位，诸侯们在庙堂上以德行相谦让。堂下的管乐和鼗鼓，合奏停奏以柷敔为准，镛钟和笙则间插其中。鸟兽跄跄地舞蹈，箫韶之乐九段演成，凤凰成对地飞来。夔说："噫！我敲击石乐器，拍拊石乐器，百兽随着跳舞，众官诚信和谐。"

舜帝于是作歌，说道："戒谨上天之命，时时注意危险的苗头。"乃歌唱道："大臣喜乐啊，君王兴起啊，百工成功啊！"皋陶拜手稽首高声说："记住啊！遵循告诫努力做事,敬慎你们的法规,恭敬啊! 多次思考才能成功,敬谨啊!"又续作歌说:"君主贤明啊,大臣贤良啊,众事康宁啊!"又歌道:"君王要是琐碎啊,大臣就会懒惰啊,万事就会败坏啊!"舜帝拜揖说:"好! 去吧,敬谨啊!"

禹　贡

　　《禹贡》是我国最早的地理著作,它是《尚书》里重要的一篇。

　　在我国,关于大禹治水的故事,几乎是家喻户晓。但是,在这篇《禹贡》里,许多生动的传说故事没有载录,而载录的尽是极有条理的地理知识及天下和同的政治概念。这就更显现其严密的、科学的历史文献的庄重价值。

　　《禹贡》通篇内容,可分析为三部分:第一部分从"禹敷土"句开始,至"西戎即叙"句为止,是记录大禹治理九州的功绩;第二部分从"导岍及岐"句始,至"不距朕行"句止,是记载大禹治山治水的功绩;第三部分从"五百里甸服"句始,至

"告厥成功"句止,是记述大禹统一中国的政治功绩。《禹贡》结构严整,层次分明,我们读了之后,既能获得丰富的历史地理知识,又能认识到,我们的祖国多么辽阔,它那无数的山脉、河流和物产,先哲们能这样如数家珍地叙述出来。锦绣中华,地大物博,历史悠久,四海一家,乃是我国人民共同的认识,一致的信念。

《禹贡》是传世久远的著作,但是关于它的写作年代却众说纷纭。我们认为,古代史事由后人撰写是不足为怪的,但写这《禹贡》的"后人",很可能是战国时代的人。因为只有那个时代的人,才能够具有撰写这巨著的丰富地理知识,以及强烈的政治统一的观念。

禹敷土①,随山刊木②,奠高山、大川。

---

① 禹敷土:夏禹分划九州土地。敷,《史记》作"傅",是分划布列的意思。　② 随山刊木:《史记》作"行山表木",是说循行山林,砍树木以作标志。随,循行。刊,砍。

冀州①:既载壶口②,治梁及岐③。既修太原,至于岳阳④,覃怀厎绩⑤,至于衡漳⑥。厥土惟白壤⑦,厥赋惟上上⑧,错⑨,厥田惟中中。恒、卫既从⑩,大陆既作⑪,岛夷皮服⑫,夹右碣石入于河⑬。

① 冀州:按《吕氏春秋·有始览》说,两河之间为冀州。即其界东至清河,西至西河。 ② 载:治理。壶口:山名,在今山西吉县西南的黄河畔。 ③ 梁:山名,在今陕西乾县西北,西南迤逦至今扶风北境。岐:山名,又名天柱山、凤凰山、箭筈岭,在今陕西岐山东北。 ④ 岳阳:指太岳山(今山西霍山)以南、黄河以北地区。 ⑤ 覃怀:地名,按郑玄说是怀县,在今河南武陟西南。厎绩:《史记》作"致功",是得到功绩的意思。 ⑥ 衡漳:指漳水横流入黄河。衡,通"横"。 ⑦ 厥:《史记》作"其"。惟:为。壤:柔而且好的土。 ⑧ 赋:指税。上上:指等级列在最上等。税分为九等,以上、中、下三大等次中又各细分为上、中、下,如上上、上中、上下、中上等。 ⑨ 错:杂。指赋税等级上上、上中相杂。 ⑩ 恒:又作"常"。恒水源出常山郡上曲阳的恒山北谷,东流入滱水。卫:水名,源出于灵寿,东流入滹沱河。 ⑪ 大陆:泽名,后又名巨鹿泽、广阿泽,在今河北隆尧、巨鹿、任县之间,汇集太行山区之诸水,下流泄入漳水。 ⑫ 岛夷:《史记》作"鸟夷"。按郑玄说,指东北方之民,搏鸟兽为食。 ⑬ 碣石:山名,在今辽宁绥中东南姜女坟。河:《史记》作"海"。

济、河惟兖州①：九河既道②，雷夏既泽③，灉、沮会同④。桑土既蚕⑤，是降丘宅土⑥。厥土黑坟⑦，厥草惟繇⑧，厥木惟条⑨。厥田惟中下，厥赋贞⑩，作十有三载乃同⑪。厥贡漆丝⑫，厥篚织文⑬。浮于济、漯⑭，达于河。

①济：指自今河南荥阳北，分黄河东北流至今山东利津入海的古济水。河：指黄河，指自今河南武陟东北流至今河北沧州东北入海之古黄河。兖州：包括今河北、山东东部一带地方。 ②九河：指古黄河下游众多支派，不一定是指九条河道。 ③雷夏：泽名，又名雷泽，在今山东菏泽东北。 ④灉：水名，久已湮塞，据《元和郡县志》记载，其水在雷泽县（今山东菏泽东北）之西北，会同沮水入雷夏泽。沮：水名，其水似当流经山东菏泽境内。一说认为是古济水之岔流濮水，自今河南荥阳分济水东北流，经封丘北，长垣南，至菏泽东北会灉水入雷夏泽。 ⑤桑土：适宜种桑养蚕的地方，取名为桑土。 ⑥是降丘宅土：《史记》作"于是民得下丘居土"。是说水流已治理好，人民从避水的高土丘下来居住于桑土上。 ⑦坟：指土质膏润而肥沃。 ⑧繇(yóu 由)：又作"蘨"，指草长得茂盛。 ⑨条：指树木繁生出枝条而长扬。 ⑩贞：下下等（即第九等）的赋为贞。 ⑪作十有三载乃同：按郑玄说，是指治理到了第十三年其地的赋才与八州相同。 ⑫贡：指进贡。 ⑬篚：竹器，用以盛装进贡的物品。织文：锦绮。 ⑭漯(tà沓)：即漯水，或称漯川。自今河南浚县西南分黄河水东北流，经濮阳及山东范阳、莘县、聊城、临邑、滨州等境，流入大海。漯水早已湮塞。

海、岱惟青州①：嵎夷既略②，潍、淄其道③。厥土白坟，海滨广斥④。厥田惟上下，厥赋中上。厥贡盐、𫄨⑤，海物惟错⑥，岱畎丝、枲、铅、松、怪石⑦。莱夷作牧⑧。厥篚檿丝⑨。浮于汶⑩，达于济。

　　海、岱及淮惟徐州⑪：淮、沂其乂⑫，蒙、羽其艺⑬，大野既猪⑭，东原底平⑮。厥土赤埴坟⑯，草木渐包⑰。厥

① 岱：即泰山。 ② 嵎夷：《史记》作"郁夷"，按宋代蔡沈说，嵎夷地当今山东蓬莱。略：经略，治理。 ③ 潍：即今山东东部的潍河。淄：即今山东淄河。 ④ 斥：指卤碱地。 ⑤ 𫄨：细葛布。 ⑥ 海物惟错：按郑玄说，是指海鱼种类繁杂。 ⑦ 畎（quǎn犬）：山谷通水的地方。枲（xǐ徙）：不结果实的麻，夏至节令开花，称为夏麻。 ⑧ 莱夷：泛指山东莱州（治所在今山东莱州）、登州（治所在今山东蓬莱）一带地方。 ⑨ 檿：檿桑，或称山桑，即柞树，蚕吃其叶。 ⑩ 汶：水名，即今山东西部的大汶河，本是从今东平西南流入济水，其主流现改由东平西北入东平湖。 ⑪ 淮：即淮河。 ⑫ 沂：沂水，即今山东、江苏间的沂河。乂（yì意）：治理。 ⑬ 蒙：山名，又名东蒙山。在今山东蒙阴西南。羽：山名，在今山东郯（tán谈）城东北。艺：种植，耕种。 ⑭ 大野：泽名，又名巨野泽，原在今山东巨野北，早已涸为平地。猪：又作"潴（zhū猪）"，水停聚的地方。 ⑮ 东原：地名，即西汉东平郡地，相当于今山东东平、汶上、宁阳一带。底：得到，获得。平：平定，治理。 ⑯ 埴（zhí直）：黄色细腻的粘土。 ⑰ 渐包：或作"蔪苞"，意思是草木滋长丛生。渐，进，成长。苞，丛生。

田惟上中,厥赋中中。厥贡惟土五色①,羽畎夏翟②,峄阳孤桐③,泗滨浮磬④,淮夷蠙珠暨鱼⑤。厥篚玄纤缟⑥。浮于淮、泗,达于河⑦。

淮、海惟扬州:彭蠡既猪⑧,阳鸟攸居⑨,三江既入⑩,震泽厎定⑪。筱荡既敷⑫,厥草惟夭⑬,厥木惟乔⑭。厥

---

① 土五色:青、黄、赤、白、黑五种颜色的土,用作封建诸侯的礼仪用物。 ② 夏翟(dí 狄):大山雉,其羽毛可用作装饰。 ③ 峄:山名。有两种说法:一说是指江苏邳州西南的邳峄山;另一说是顾颉刚等主张的邹峄山。 ④ 泗:水名,源出今山东泗水东蒙山南麓,流经泗水、曲阜、兖州等地,折入济宁市南鲁镇及鱼台东,转东南入江苏境,汇入淮河。现仅存鲁镇以上故道。浮磬(qìng 庆):乐石,按孔颖达说:"石在水旁,水中见石,似若中浮焉,此石可为磬,故谓之浮磬。" ⑤ 淮夷:指淮水边上的民族。蠙珠:即珍珠。蠙又作"玭",是蚌类的一种。 ⑥ 玄纤:黑赤色的细绢。缟:即缯帛,白色丝织品。 ⑦ 河:这里的"河"字当作"菏"。 ⑧ 彭蠡(lí 离):泽名。本在今湖北黄梅、安徽宿松以南、望江西长江北岸龙感湖、大官湖和泊湖一带。后来湖面变化,今已包括整个鄱阳湖。 ⑨ 阳鸟:按郑玄说,是指依阳气而迁徙的鸿雁之属,泛指候鸟。攸:《史记》作"所"。 ⑩ 三江:有关三江的说法很不一致,按《汉书·地理志》注,是指岷江为大江,至九江为中江,至徐陵为北江,是古人对一条大江不同段落的不同称呼。 ⑪ 震泽:又名具区。即今江苏的太湖。 ⑫ 筱(xiǎo 小):小竹,竹箭。荡(dàng 荡):大竹。敷:《史记》作"布"。 ⑬ 夭:生长茂繁。 ⑭ 乔:高。

土惟涂泥①。厥田惟下下，厥赋下上，上错。厥贡惟金三品②，瑶、琨、篠、荡、齿、革、羽、毛惟木③，岛夷卉服④；厥篚织贝⑤；厥包桔、柚，锡贡⑥。沿于江、海，达于淮、泗。

荆及衡阳惟荆州⑦：江、汉朝宗于海⑧，九江孔殷⑨，沱、潜既道⑩，云土梦作乂⑪。厥土惟涂泥，厥田惟下中，厥赋上下。厥贡羽、毛、齿、革、惟金三品，杶、榦、栝、

---

① 涂泥：这里指湿润的土。　② 金三品：指黄、白、赤三种颜色的铜。　③ 瑶、琨：都是美玉。"惟木"二字与上下文不协，当是衍文，应删。　④ 卉服：草制的衣服。　⑤ 织贝：织锦。　⑥ 包：包裹。　⑦ 荆：荆山。衡阳：山南为阳，衡山之南称为衡阳。　⑧ 朝宗：按郑玄说，是指江水、汉水的水流湍急，又合而为一奔赴大海，犹如诸侯同心朝事天子一样。古代以诸侯春天见天子为朝，夏天见天子为宗。　⑨ 九江：关于九江的说法不一，按《史记·河渠书》里"余登庐山，观禹疏九江"的记载来看，大抵说来，西汉时人们以为九江是指庐山以上今湖北的广济、黄梅一带的水流。九是形容其多，不一定是指九条江。孔殷：《史记》里作"甚中"，指的是很多河流汇集其中。　⑩ 沱、潜：指长江、汉水间的一些支流，具体指今什么河流已不可详考。　⑪ 云土梦作乂：按《史记》作"云梦土为治"。

柏①,砺、砥、砮、丹②,惟箘、簬、楛③,三邦厎贡厥名④。包匦菁茅⑤,厥篚玄纁玑组⑥,九江纳锡大龟⑦。浮于江、沱、潜、汉,逾于洛⑧,至于南河。

荆、河惟豫州:伊、洛、瀍、涧既入于河⑨。荥波既猪⑩,导菏泽⑪,被孟猪⑫。厥土惟壤⑬,下土坟垆⑭。厥

---

① 杶、榦、栝:树名。杶(chūn 春),即椿树。榦(gàn 干),柘(zhè 蔗)树。栝(guā 瓜),按郑玄说,其树干似松,树叶似柏,也就是桧树。 ② 砺、砥:按郑玄说,都是磨刀石。质粗的叫砺,质地精细的叫砥。砮(nǔ 努):可以作矢镞的石头。丹:朱砂。 ③ 箘(jùn 郡):竹名。簬(lù 路):竹名。楛(hù 户):木名,可作矢干。 ④ 三邦厎贡厥名:《史记》作"三国致贡其名",按马融说,是近云梦泽之国致贡的,其名佳善。 ⑤ 匦(guǐ 轨):小箱子,小匣子。菁(jīng 精)茅:草名,古代祭祀用以滤酒去滓。 ⑥ 玄:赤黑色。纁(xūn 勋):浅绛色。玑:珠玉一类的装饰物。组:是用以佩带玉器或系冠的绶带。 ⑦ 纳:入。锡:赐。 ⑧ 洛:水名,即今河南的洛河。 ⑨ 伊:水名。即今河南洛水的支流伊水。瀍:水名。源出今河南洛阳西北,东南流经洛阳东注入洛水。涧:水名。指今洛阳西洛水支流的涧河。 ⑩ 荥波:又作"荥播",即荥泽,在今河南郑州西北古荥镇北。战国时和黄河中游及济水相通。西汉平帝后,渐淤为平地。 ⑪ 菏泽:在今山东定陶东北。东济水所汇,东出菏水。 ⑫ 孟猪:泽名。又名孟诸、望诸、明都、盟猪。在今河南商丘东北,虞城西北。此泽于金、元以后堙废。 ⑬ 壤:即壤土,土质松软肥沃,宜种植桑麻。 ⑭ 坟垆:黑色而坚实的土壤。

田惟中上,厥赋错上中。厥贡漆、枲、缔、纻①,厥篚纤、纩②,锡贡磬错。浮于洛,达于河。

华阳、黑水惟梁州③:岷、嶓既艺④,沱、潜既道,蔡、蒙旅平⑤,和夷厎绩⑥。厥土青黎⑦,厥田惟下上,厥赋下中三错。厥贡璆、铁、银、镂、砮、磬、熊、罴、狐、狸、织皮⑧。西倾因桓是来⑨。浮于潜,逾于沔⑩,入于渭,乱于河⑪。

---

① 纻(zhù 住):麻属,可用来纺绩的纤维。 ② 纩(kuàng 旷):丝棉絮。 ③ 华阳:华山之南。黑水:这里说的黑水,各家解析纷纭,不可确定其当时所指的是什么河流。 ④ 岷:岷山,一作"汶山",在今四川松潘北。嶓(bō 波):即嶓冢山,山在今甘肃天水与礼县之间。 ⑤ 蔡、蒙:都是山名,现已无法考知其当今是什么山。旅:道,山间道路。 ⑥ 和夷:说法不一。一说在今四川荥经;一说在今湖北武当山一带。 ⑦ 青黎:青黑色沃壤。 ⑧ 璆(qiú 球):或作"镠",因此而有两种解释:一是说因字从玉旁,故当系美玉。一是说字从金旁,按《尔雅·释器》有"黄金谓之璗,其美者谓之镠"。郭璞《尔雅注》说"镠即紫磨金",那么当系黄金。镂:刚铁,可以用来刻镂。罴(pí 比):熊的一种,俗称人熊或马熊。织皮:是罽(jì 季)类织品,也就是毡类毛织品,为西境民族的产品。 ⑨ 西倾:山名,又名西强山,在今青海东部、甘肃西南部。桓:桓水,即今甘肃、四川二省境内的白龙江。 ⑩ 沔:沔水,即今汉江及其北源。 ⑪ 乱:横渡而过。

黑水、西河惟雍州①：弱水既西②，泾属渭汭③，漆沮既从④，沣水攸同⑤。荆、岐既旅⑥，终南惇物⑦，至于鸟鼠⑧。原隰厎绩⑨，至于猪野⑩。三危既宅⑪，三苗丕叙⑫。厥土惟黄壤，厥田惟上上，厥赋中下。厥贡惟球、琳、琅玕⑬。浮于积石⑭，至于龙门、西河⑮，会于渭汭。

---

① 西河：指今山西、陕西之间的黄河河段。 ② 弱水：弱水上游为今甘肃山丹河，下游为山丹河与甘州河合流后的黑河。《说文解字》作"溺水"。 ③ 泾：水名，有二源。北源出自今甘肃平凉，南源出今甘肃华亭。至泾川汇合，至今陕西高陵入于渭水。渭汭：黄河支流渭河于陕西入黄河处。 ④ 漆沮：有两说，一说指今陕西的洛河，一说是指流经陕西铜川耀县、富平境的石川河。 ⑤ 沣水：又作"丰水"。即今陕西西安西渭水支流沣河。 ⑥ 荆：荆山，这里的荆山，指今陕西朝邑西南三十二里的北荆条山，与湖北南漳的南荆条山不同。 ⑦ 终南：山名，又名中南山、周南山、秦山、南山，即今陕西秦岭山脉。惇物：《史记》作"敦物"，是形容终南山高大宽广，包藏万物。 ⑧ 鸟鼠：山名，又名青雀山，在今甘肃渭源西。 ⑨ 原隰（xí席）：一说指今陕西邠县和旬邑地。一说原为高平地，隰为低下地，不是地名。 ⑩ 猪野：泽名，又名休屠泽。在今甘肃民勤东北红少梁、西渠、东镇一带。 ⑪ 三危：山名，说法不一。一说指今甘肃敦煌东南的三危山。 ⑫ 三苗：三苗氏。据说舜把作恶的三苗氏流放到三危山。丕：大。叙：顺。 ⑬ 球、琳、琅玕：都是美玉。琅玕是似珠的玉类。 ⑭ 积石：山名，即今青海东南部积石山脉。 ⑮ 龙门：山名，在今陕西韩城东北。

织皮昆仑、析支、渠搜①,西戎即叙。

导岍及岐②,至于荆山,逾于河。壶口、雷首至于太岳③,厎柱、析城至于王屋④,太行、恒山至于碣石⑤,入于海。

西倾、朱圉、鸟鼠至于太华⑥。熊耳、外方、桐柏至于陪尾⑦。

导嶓冢至于荆山。内方至于大别⑧。岷山之阳至于衡山,过九江至于敷浅原⑨。

导弱水至于合黎⑩,馀波入于流沙⑪。

---

① 析支、渠搜:有的说是两座山名,有的说是种族名,而且都是西陲的民族。 ② 导:开通道路。岍:山名,即吴山,在今陕西陇县西南。 ③ 壶口:山名,在今山西吉县西南黄河畔。雷首:山名,在今山西西南部中条山脉西南端。太岳:又称霍泰山、霍山,在今山西霍州东南。 ④ 厎柱:山名,即砥柱山,又名三门山,在今河南陕县东北黄河中。析城:山名,一名析津山,在今山西阳城西南。王屋:山名,在今山西阳城与河南济源之间。 ⑤ 恒山:在今河北曲阳西北,古称北岳。 ⑥ 朱圉:山名,今甘肃甘谷西南有朱圉山。太华:即今华山,古称为西岳。 ⑦ 熊耳:山名,在今河南卢氏南。外方:山名,即嵩山,古称中岳,在今河南登封北。桐柏:山名,在今河南桐柏西北。陪尾:山名,在今湖北安陆北。 ⑧ 内方:山名,即今湖北钟祥西南章山。大别:即大别山。 ⑨ 敷浅原:指庐山。 ⑩ 合黎:山名,在今甘肃山丹、张掖、高台、酒泉北。 ⑪ 馀波:下游。流沙:按郑玄说,居延县西北之居延泽即为流沙。

导黑水至于三危,入于南海。

导河、积石至于龙门,南至于华阴,东至于厎柱,又东至于孟津,东过洛汭①,至于大伾②,北过降水③,至于大陆,又北,播为九河④,同为逆河⑤,入于海。

嶓冢导漾⑥,东流为汉,又东为沧浪之水⑦,过三澨⑧,至于大别,南入于江。东汇泽为彭蠡,东为北江⑨,入于海。

岷山导江,东别为沱;又东至于澧⑩,过九江,至于东陵⑪;东迤北⑫,会于汇⑬;东为中江⑭,入于海。

---

① 洛汭:洛水入黄河处。 ② 大伾:山名,在今河南浚县西南。 ③ 降水:或称绛水,源出山西屯留西北盘秀山,东流入浊漳河。 ④ 播:布,分布。 ⑤ 同为逆河:按郑玄说"下尾合,相逆受"。意思是诸水下游相迎合汇为一河,同流入海中。逆河,《史记·河渠书》、《汉书·沟洫志》均作"迎河"。 ⑥ 漾:水名,是汉水上源的名称。 ⑦ 沧浪:水名,是指汉水从湖北均县沧浪洲至襄阳一段。 ⑧ 三澨(shì 筮):指靠水边的一带地方。 ⑨ 北江:这里指长江。 ⑩ 澧:马融说是水名,即澧水;郑玄说是山陵名,即醴陵。澧水主源出桑植,流经湖南西北部,于澧县新洲注入洞庭湖。 ⑪ 东陵:地名,在今安徽寿县南。 ⑫ 迤(yǐ 以):斜行,斜走向。 ⑬ 汇:"淮"之假借字。 ⑭ 中江:即前"三江"注中说的"岷江"。

导沇水①,东流为济,入于河,溢为荥②;东出于陶丘北③,又东至于菏;又东北会于汶;又北东,入于海。

导淮自桐柏,东会于泗、沂,东入于海。

导渭自鸟鼠同穴④,东会于沣,又东会于泾;又东过漆沮,入于河。

导洛自熊耳:东北会于涧、瀍,又东会于伊,又东北入于河。

九州攸同⑤:四隩既宅⑥,九山刊旅⑦,九川涤源⑧,九泽既陂⑨,四海会同。六府孔修⑩,庶土交正⑪,厎慎财赋⑫,咸则三壤成赋⑬。中邦锡土、姓⑭,祗台德先⑮,不距朕行⑯。

---

① 沇水:济水的别名,这里指其上游。 ② 溢:《史记》作"泆"。指水流溢泄而出。荥:荥泽,古代荥泽由济水溢出汇成,在今河南荥阳南,已堙塞。 ③ 陶丘:在今山东定陶。 ④ 鸟鼠同穴:鸟鼠同穴的山,也就是鸟鼠山,详见前注。 ⑤ 九州:指冀、兖、青、徐、扬、荆、豫、梁、雍。 ⑥ 四隩(ào 傲):四方可居的土地。《史记》"隩"作"奥"。 ⑦ 九山:指众多的山,不是说九座山。下文九川、九泽都是指多数。 ⑧ 涤源:清理了水的源流。 ⑨ 陂:修筑陂障。 ⑩ 六府:按《礼记·曲礼》说,"天子六府,曰司土、司木、司水、司草、司器、司货",六府是主管税收的六职。 ⑪ 交:俱。 ⑫ 厎:定,确定。 ⑬ 则:依准,标准。 ⑭ 中邦:中央之国,天子之邦。 ⑮ 祗(zhī 支):敬。台(yí 贻):怡,悦乐。 ⑯ 距:违。

五百里甸服①：百里赋纳总②，二百里纳铚③，三百里纳秸服④，四百里粟，五百里米。

　　五百里侯服⑤：百里采⑥，二百里男邦⑦，三百里诸侯⑧。

　　五百里绥服⑨：三百里揆文教⑩，二百里奋武卫⑪。

　　五百里要服⑫：三百里夷⑬，二百里蔡⑭。

---

　　① 甸服：古代把天子京畿以外的土地分为五等，每一等四方各五百里。五百里为甸服。服，服役，服事。甸与田同。甸服，服事耕治田土。　② 纳总：指把稻谷连禾束一起以纳赋。　③ 铚：本指短的镰刀，这里指用铚割下来的禾穗以纳赋。　④ 秸：即秸稭，秸稭可加工织成席，故交秸稭为赋。　⑤ 侯：作候字讲，以伺候盗贼，服事天子。　⑥ 采：事，事奉天子服差役。　⑦ 男邦：《史记》作"任国"。为王邦任职事。　⑧ 诸侯：本是众多侯爵的意思，这里指分封建立许多侯爵国家。　⑨ 绥：靖，安。这里指受天子安抚，怀德而服从。　⑩ 揆文教：是说设置主持文教职事的官员，以广教化安定人民。　⑪ 奋武卫：振奋武力以卫护中央邦畿。　⑫ 要服：指属于边徼之服。要、徼通用。边塞为徼，故要服也就是边徼之服。　⑬ 夷：按马融说，夷是易的意思，是说风俗可以改变移易。　⑭ 蔡：按马融说，蔡是法的意思，要服之民遵循王者的刑法而已，可以不供赋税。按郑玄说，蔡是杀的意思，杀即减除，是说对要服之民可减杀其赋，也就是以贡代赋，减免其赋税。

五百里荒服①:三百里蛮②,二百里流③。

东渐于海④,西被于流沙⑤,朔、南暨⑥,声教讫于四海⑦。

禹锡玄圭⑧,告厥成功。

【翻译】

　　大禹划分九州的土地,顺着高山砍斫树木作为标志,以确定高山大川的形势。

　　冀州:治理了壶口山之后,就治理梁山及岐山山脉。治理了太原之后,就到了太岳山的南面地区。覃怀地方治理已取得功绩,再到达横向流入黄河的漳水。这个州的土色白而且柔软,赋税列在第一等,又杂有第二等。田地是第五等。恒、卫二水已经通畅。大陆泽也已治理,东北方的民族进贡皮服,循碣石山的西边可以进入

---

　　① 荒服:荒远之服。因其在边徼之外,所以政教荒忽,依照其故俗进行治理。　② 蛮:蛮服是依从当地风俗,以维系与其地人民的关系。蛮、缦古时通用,缦是被、施的意思,指王化还能在此施行。　③ 流:是流移转徙的意思。此处荒服之民流移不定,无城郭居处,任其贡或不贡。　④ 渐:浸润、推及、伸进。　⑤ 被:覆盖、加到。　⑥ 朔:指北方荒远地区。南:南方。暨:及。　⑦ 声教:天子的声威教化。　⑧ 锡:赐。圭:上圆下方的瑞玉。

黄河。

　　济水和黄河之间为兖州：黄河下游众多支流都疏通了，雷夏既已成为湖泽，灉水和沮水相会合流入此泽。适宜种桑的土地已经养蚕了，人民从避水的土丘上下来居住这桑土之上。这里的土色黑而滋润肥沃，青草茂盛，树木长扬，它的田土属第六等，其赋税属第九等，治理到了十三年，当地的赋税才与其他八州相同。这个州所进贡的特产是漆和丝，并有用竹筐盛着的锦绮，乘船从济水、漯水进入黄河。

　　渤海和泰山之间是青州：嵎夷之地已经治理，潍河和淄河已经疏通。这里的土质白色而柔润，滨海地方有宽广的盐碱地。这里田地属第三等，赋税属第四等。进贡的特产是盐和细葛布。有种类繁杂的海鱼，还有泰山谷地的丝、夏麻、铅、松、怪石。莱夷之地宜于放牧。这个州进贡的是筐子盛着的柞蚕丝，乘船经汶水到达济水。

　　黄海、泰山及淮河之间是徐州：淮河、沂水已治理好了，蒙、羽山区已可以种植。大野泽蓄水，东原一带得到了治理。这里的土色黄赤，粘润细腻，草木滋生。这里的田地是第二等，其赋税是第五等。这个州进贡的是五色土、羽山之谷所出产的大山雉、峄山之南的桐、泗水之滨的磬石、淮夷之地的蚌珠和鱼。又有用竹筐装着的黑赤色细绢和白丝绢,乘船从淮河、泗水进入黄河。

　　淮河与黄海之间是扬州:彭蠡泽已汇蓄深水,候鸟来到这里聚集。三江之水流入大海,太湖于是就安定了。这里竹类丛生,青草盛美,树木高大。这里土质湿润,田地属于最下等,赋税属于第七等,杂出第六等。进贡的物品是黄白赤三色铜、美玉、竹类、象牙、犀皮、鸟羽、牛尾、木材、海岛夷人的草制衣服。还有用竹筐装的织锦,包裹着的桔和柚,还有锡,沿江海到达淮河、泗水。

　　荆山到衡山之南为荆州:长江、汉水像诸侯朝事天子一样奔流向大海。众多水流汇集,江、汉间的支流已疏通,云梦泽一带土地已治理。这里的土质是湿润的泥,这里的田地属第八等,赋属第三等,所贡的是鸟羽、毛、象牙、犀皮及三色铜、椿树、柘树、桧树、柏树、质地粗细不同的磨刀石、造箭镞的砮石、朱砂、各类竹子、楛木,都是这三个侯国进贡的著名物产。包裹着的是青茅,竹筐里所装的贡物有赤黑色、浅绛色的丝织物,珠玉和绶带,九江进贡大龟。贡品装船由长江及其支流沱水、潜水进汉水上游,再经洛水,到了南河。

　　荆山、黄河之间为豫州:伊水、洛水、瀍水、涧水都已会入黄河。荥波泽已蓄水。疏通菏泽,水流注入孟猪泽。这里的土质是柔软的壤土,下等的土也是肥沃而坚实。这里的田地属第四等,赋税杂有第一等和第二等。

这个州进贡的是漆、麻、细葛布、纻麻等。竹筐里的贡品有绸绢、丝棉絮,又还有治磬之石。船从洛河到达黄河。

华山之南和黑水之间为梁州:岷山与嶓冢山一带已治理,沱、潜等河流已疏通,蔡、蒙等山也得到治理,和夷一带的治理收到了功效。这里的土质是青黑色的沃壤,这里的田属第七等,赋税属第八等,还杂出第七、第九等。这个州的贡物是美玉、铁、银、刚铁、作箭镞的石头、磬石、熊、马熊、狐、狸、毛毯。西倾山可沿桓水而来。船从潜水进入沔水,再进入渭水,又横穿渭水到达黄河。

黑水到西河之间为雍州:弱水已疏导西流,泾水流入渭河注入黄河,漆沮水已经会合,沣水也一同会合。北荆条山、岐山治理好之后,终南山宽广,直到鸟鼠山。高平之地治理取得了成效,进而猪野泽也得到治理。三危山已治理好,三苗之民十分顺从。这里的土黄色柔软,田地属第一等,赋税属第六等。这个州的贡品是各色美玉。船从积石到黄河,经龙门、西河,于渭水入黄河处相会合,进贡地毯的民族有昆仑、析支、渠搜等族。西戎各民族也就安顺了。

开通了岍山和岐山的通道,又到了荆山,渡越黄河。壶口山、雷首山、太岳山也已开通,底柱山、析城山到王屋山已开通,又开通太行山、恒山达到碣石山,由此进入渤海。

西倾山、朱围山、鸟鼠山至于太华山已开通。熊耳山、外方山、桐柏山到陪尾山也开通了。

开通嶓冢山到达荆山,开通内方山到大别山,开通岷山之南到衡山,过九江到达庐山。

疏通弱水到合黎山,下游入于流沙。

疏通黑水到达三危山,流注入南海。

疏导黄河,从积石山到达龙门,向南到达华山之北,向东到厎柱山,又向东到了孟津,又东过洛水入黄河之处,到了大伾山,向北经过降水,到大陆泽,又向北,分为许多支流,诸水的下游相汇合为一河,流入于海。

从嶓冢山疏导漾水,向东流而成汉水,又向东为沧浪水,经过三澨水,到了大别山,南流入长江。水向东流汇成彭蠡泽,再向东流为北江,流入大海。

从岷山起疏导长江,向东另分一支为沱江;又向东到达澧水,过九江,到达东陵;再向东北斜行,会合淮河;向东称为中江,流入大海。

疏导沇水,东流为济水,流入黄河,河水溢出而成荥泽;从陶丘北面流出,又向东流到达菏泽;又流向东北会合于汶水,又向北转东,流入大海。

从桐柏山疏导淮水,东流与泗水、沂水相汇,东流入海。

从鸟鼠山疏导渭水,向东流与沣水会合,又东流与泾水会合，又东流经过漆沮水，流入黄河。

从熊耳山疏导洛水，向东北流与涧水、瀍水会合，又东流与伊水会合，又向东北流会合入黄河。

九州既已统一了，四方土地都可安居，众多的山脉中树木砍伐为标志，都可通行，众多河流疏清了水源，众多的湖泽修筑了堤防，四海之内已经畅通。主管税赋的六府已设置，各处土地普遍征收赋税，并确立了征收赋税的标准，一概依准于上、中、下三个等级的田土征收赋税。天子中央之邦赏赐土地、姓氏给人民，崇敬、悦乐以德为先，天下人不会违背我的德行。

天子中央邦畿之外五百里是甸服：其中百里内交纳谷子和禾束，二百里内交纳禾穗，三百里内交秸稽，四百里交纳粟，五百里交纳米。

甸服外五百里为侯服：其中百里服差役，二百里为王邦任职受事，三百里为诸侯邦国。

侯服之外五百里为绥服：其中三百里设置主管文教的官员，二百里振奋武力以保卫中央京畿。

绥服外五百里为要服：其三百里内移风易俗，二百里内减免赋税。

要服之外五百里为荒服：其三百里内施行王邦的教化，依其俗习治理，二百里内之民流移不定，进贡与否依情况而定。

东边到达了大海,西方到达流沙,从北方及至于南方,天子的声威教化遍及四海之内。

大禹赏赐玄色的玉圭,大告成功。

甘　誓

　　《甘誓》是西汉《今文尚书》中的第四篇,属于《夏书》部分。它是夏王朝讨伐有扈氏时临战前的一篇誓词。其中宣布了有扈氏的罪状和对夏军的训诫,以此作为出师前的动员。

　　《甘誓》也是后人根据古人的传闻记录而成的文字。由于时代久远,许多疑问现已无法考定:如《甘誓》究竟写定于何时?讨伐有扈氏的夏王究竟是禹还是启?有扈氏及甘的地点究竟在什么地方?文中提到的"五行"、"三正"等概念,究竟是什么含义?以及《甘誓》的不同本子即《尚书·甘誓篇》、《史记·夏本纪》、《墨子·明鬼》下所引文字之间的异同,究竟谁是谁非?

历代学者对这些问题聚讼不已,做了大量的考证。我们的注释,不可能充分展开研讨这些问题,只能在前人研究的基础上,择善而从,尽量做到文意通顺合理。

大战于甘①,乃召六卿②。

王曰③:"嗟④!六事之人⑤,予誓告汝⑥:有扈氏威侮五行⑦,怠弃三正⑧,天用剿绝其命⑨。今予惟恭行天

---

① 大战:指夏讨伐有扈氏的战斗,此时尚未接战,而是战前召将领进行宣誓动员。甘:地名,以甘水得名。自汉代马融以来都认为是在陕西鄠县(即今户县)南郊,顾颉刚、刘起釪以为当如杜预说在今洛阳西南。 ② 乃:于是。六卿:郑玄以为是六军之将。据《周礼·司马》记载,一万二千五百人为军,王有六军,统军之将都命为卿。卿是一种高级官爵,在公之下,大夫之上。 ③ 王:是禹还是启,今难断定。 ④ 嗟:叹词。 ⑤ 六事之人:即六卿的别称。 ⑥ 誓:上古专指战前帝王训诫下属,一般都是宣布敌人的罪状,申明军纪。 ⑦ 有扈(hù户)氏:夏王所封同姓诸侯。"有"是名词词头。"扈",以地名为国名氏名。同姓的分支称"氏"。威:虐害。侮:辱,蔑视。威侮指蔑视而不遵守。五行(xíng刑):指天上的水火木金土五星,泛指天象和天时。古人生活生产都观察天象,按天时行事。不遵守天时,是莫大的罪状。 ⑧ 怠:怠慢。弃:厌弃。三正:指几个主要的辅政大臣。 ⑨ 用:因此。剿(jiǎo绞):灭绝。

之罚①。左不攻于左②,汝不恭命③;右不攻于右④,汝不恭命;御非其马之正⑤,汝不恭命。用命⑥,赏于祖⑦;弗用命,戮于社⑧。予则孥戮汝⑨。"

【翻译】

夏王朝为讨伐有扈氏,即将在甘进行一场大战,于是夏王召见了六卿。

王说:"喂!六位大臣,我现在向你们宣布:有扈氏蔑视上天,不按天时行事,又怠慢厌弃他们的辅政大臣。因此上天要灭绝他们,不让他们继续享受天命。现在我

---

① 惟:语气词,表示强调。 ② 左:古人车战,指挥者站在车的左侧,称为车左,用钩戟和弓箭作战。攻:攻杀。攻于左,指在车左侧攻杀。 ③ 恭命:认真履行职责,执行命令。 ④ 右:勇力之士站在车右侧,持戈拼杀,称为车右。 ⑤ 御:驭手,站在车中间驭马。正:通"政",事。此句说驭手不胜任驾驭马匹的工作。 ⑥ 用命:即上述的"恭命",指执行命令履行自己的职责。 ⑦ 赏:奖赏。祖:祖庙。 ⑧ 戮(lù路):杀,指惩罚。社:祭祀土地神的地方。 ⑨ 孥(nú奴):奴隶。古代让罪人做奴隶。此"孥"字作动词用,即罚作奴隶的意思。戮:辱,指当众用刑使之受辱。顾颉刚、刘起釪的《〈尚书·甘誓〉校释译论》认为此一句五个字是衍文。他们认为,《墨子·明鬼》所引《甘誓》没有这五个字,是后来儒家整理《甘誓》时从《汤誓》中抄入的,而且此句的意思与上两句重复,应删去。

要恭敬地执行上天对有扈氏的惩罚。车左的指挥员如果不在车左侧努力攻杀,你就是没有履行职责完成使命;车右战士如果不在车右侧努力拼杀,你就是没有履行职责完成使命;驭手如果不能驾驭好马匹,你就是没有完成使命。能够努力作战执行命令的人,战后我要在祖庙里奖赏他。不能执行命令努力作战的人,我就在社庙里惩罚他。对那些不努力作战的人,或者让他们去做奴隶,或者把他们杀掉。"

汤　誓

《汤誓》是《商书》中唯一的一篇有关商代初期历史的记载，其余六篇都是商朝后半期的史料。虽然本文记载的史实最早，但是创作的年代却最晚，是战国时期的人追述的商代的历史传说，所以它的文字比较浅显。

汤是商代的第一位君主。商部落原来居住在黄河下游，至汤时已发展成为当地一个强大的部落，而此时居于中原的夏朝已十分腐败，夏王桀荒淫残暴，汤便乘势率众伐夏，在鸣条之野发布了这篇誓师辞。

文中首先解释了发动灭夏战争的理由。汤以替天行道、吊民伐罪的姿态，痛斥夏的暴政，以争取民心。在最后，汤用恩威并施的手段，令商民追随自己讨桀伐夏，建立自己的统治。从文中可以反映出夏桀与夏民之间的阶级矛盾已经激化，商汤与商民之间阶级矛盾亦比较尖锐。

王曰①："格尔众庶②，悉听朕言③。非台小子敢行称乱④，有夏多罪⑤，天命殛之⑥。

"今尔有众，汝曰：'我后不恤我众⑦，舍我穑事而割正夏⑧。'予惟闻汝众言⑨，夏氏有罪，予畏上帝⑩，不敢不正。

---

① 王：指商汤。　② 格：来，过来。众庶：庶就是众，众庶即"大家"或"众人"的意思。　③ 悉：皆。朕：我。　④ 台（yí 姨）：我。小子：对自己的谦称。称：举，举行。乱：暴乱，发难。　⑤ 有夏：即夏国。　⑥ 殛（jí 及）：诛杀。　⑦ 后：王。恤：忧怜，体贴。　⑧ 穑事：穑，收获谷物。穑事指农事。割：读为害，大的意思。正：读为征。这几句是讲：现在你们大家中的不少人都说：我们的国王不体贴我们大家，放弃我们的农事而大伐夏国。　⑨ 惟：虽。　⑩ 上帝：至高无上的天神、天君。

"今汝其曰①：'夏罪其如台②？'夏王率遏众力③，率割夏邑④。有众率怠弗协⑤，曰：'时日曷丧⑥？予及汝皆亡⑦。'夏德若兹，今朕必往。

"尔尚辅予一人⑧，致天之罚⑨，予其大赉汝⑩。尔无不信，朕不食言。尔不从誓言⑪，予则孥戮汝⑫，罔有攸赦⑬。"

【翻译】

汤王说："大家过来吧！都听我说。并不是我小子胆敢发动暴乱，而是夏桀的罪行太多了，上天命令我去讨伐他。

---

① 其：语气词，表示将要的意思。 ② 如台（yí 姨）：台是疑问代词。如台即"如何"的意思。 ③ 率：语气助词，下二率字同此。遏：读为竭，穷尽。率竭众力，即穷尽民力，指夏王在征发劳役时毫无节度。 ④ 割：割剥，剥夺，也就是剥削的意思。夏邑：夏国。这句是指从赋税上剥削。 ⑤ 怠：急懈，怠工。协：协和，协助，配合。这句是说夏国的人民都怠工懈惰，不与夏桀合作。 ⑥ 时：是，这。曷：何，何时。 ⑦ 皆：共同，一起。 ⑧ 尔：你们。尚：读为倘，倘若。予一人：汤王自称，犹言"余一人"、"寡人"。 ⑨ 致：执行，完成。 ⑩ 赉（lài 赖）：赏赐。 ⑪ 誓：上古专指战前帝王训诫下属，一般都是宣布敌人的罪状，申明军纪。 ⑫ 孥：罚作奴隶。戮：当众用刑使之受辱。 ⑬ 罔：无。攸：所。这句是说一个也不饶恕。

"现在你们大家都抱怨说:'我们的国王不体贴我们大家,置我们的农事于不顾,而去大肆征伐夏国。'我虽然听到了你们大家的议论,但是夏国有罪,我怕违抗上天的命令,所以不敢不去征讨。

"现在你们也许要问:'夏国有什么罪恶呢?'夏王耗尽民力,大肆剥削夏国人民。夏国人民现在都怠工懈惰,不与夏王合作。他们都说:'你这个太阳什么时候才灭亡呢?我们宁愿和你同归于尽!'夏桀的德行坏成了这个样子,所以现在我必须前往征讨。

"如果你们辅助我,随我出征去执行上帝对夏国的惩罚,那么我将大大地赏赐你们。你们不要不相信,我是不会不信守诺言的。如果你们不听从我的训诫,那么我或者把你们罚为奴隶,或者把你们杀掉,一个也不宽恕。"

盘 庚(上)

《盘庚》在《商书》中可信度较大,史料价值较高,有可能是商朝遗文。

盘庚是汤的第十四代孙,商代的第二十位君主。盘庚曾领导臣民从奄(今山东曲阜)迁到殷(今河南安阳)。当时臣民安土重迁,不愿迁徙,盘庚便三次劝导臣民。他的话被史官记录了下来,就成了这篇《盘庚》。

《盘庚》原为一篇,司马迁和郑玄把它分为三篇,于是相沿成习。

本文三篇基本上都是盘庚对"众"和"民"发表的谈话和命令。众一般是指贵族,民指平民百姓。上篇是盘庚对执政者的谈话,所以用的是劝说的口吻;中篇的演讲对象是平民,所以谈话时声色俱厉;下篇又是对贵族的谈话,所以盘庚进一步解释了迁都的原因,对他们进行了抚慰,要求他们率领庶民建设家园。文中反映了统治阶级之间、统治阶级和被统治阶级之间存在着的矛盾,有助于我们了解当时的历史状况和社会形态。

盘庚迁于殷①,民不适有居②,率吁众慼出矢言③。曰:"我王来④,既爰宅于兹⑤。重我民⑥,无尽刘⑦。不能胥匡以生⑧,卜稽⑨,曰:'其如台⑩?'先王有服⑪,恪谨天命⑫,兹犹不常宁⑬? 不常厥邑⑭,于今五邦⑮! 今不

---

① 殷:今天河南省安阳的殷墟。迁于殷,意思是将迁于殷。 ② 适:往,到的意思。有:助词。居:指新居。 ③ 率:相率。吁:呼吁。慼:即戚,指贵戚,贵族。矢:陈述。 ④ 我王:指盘庚。 ⑤ 爰:语气助词。宅:居住。 ⑥ 重:重视,爱护。 ⑦ 刘:杀害,引申为伤害。 ⑧ 胥:互相。匡:匡扶,救助。 ⑨ 卜稽:占卜,考察。 ⑩ 其:将。如台:如何。 ⑪ 服:事。 ⑫ 恪(kè 克):敬。谨:顺从。 ⑬ 兹:此,指奄。 ⑭ 常:常久。 ⑮ 五邦:五处家邦。马融认为是商邱、亳、嚣、相、耿。杨树达认为应是嚣、相、耿、庇、奄。杨说近是。

承于古,罔知天之断命①,矧曰其克从先王之烈②?若颠木之有由蘖③,天其永我命于兹新邑④,绍复先王之大业⑤,厎绥四方⑥。"

盘庚斅于民⑦,由乃在位⑧。以常旧服⑨,正法度⑩。曰:"无或敢伏小人之攸箴⑪。"王命众,悉至于庭。

王若曰⑫:"格汝众⑬,予告汝训汝⑭,猷黜乃心⑮,无傲从康⑯。

"古我先王,亦惟图任旧人共政⑰。王播告之修⑱,

① 罔:不。断命:决断和命令。指上天的意旨。 ② 矧(shěn审):何况。从:继承。烈:功烈,业绩。 ③ 颠:仆倒。由:树木所生的枝条。蘖:伐木所剩下的树桩,由蘖指木桩新生的枝芽。 ④ 新邑:指奄。从南庚迁奄到盘庚时不过二十一二年,所以庶民称之为新邑。也含有对盘庚又将迁都的不满。 ⑤ 绍:继承。复:恢复。 ⑥ 厎(zhǐ指)绥:安定。 ⑦ 斅(xiào效):觉悟,醒悟。 ⑧ 由:原因,由于。乃:其,指那些。 ⑨ 以:用。常:惯常,指先王以前常用的。服:制度。 ⑩ 正:修正。 ⑪ 无:毋,不要。或:有人。伏:服从。攸:所。箴:规劝。 ⑫ 若:如此。 ⑬ 格:来,过来。 ⑭ 训:训导。 ⑮ 猷:谋,打算。黜:去,去掉,打消的意思。 ⑯ 无:毋,不要。从:追随,指贪图。 ⑰ 惟:唯,只。旧人:指世代做官的旧臣。共:共同管理,指共同参与政事。 ⑱ 播:公布。修:行,指施行王的布告。

不匿厥指①。王用丕钦②。罔有逸言③,民用丕变④。今汝聒聒⑤,起信险肤⑥,予弗知乃所讼⑦!

"非予自荒兹德⑧,惟汝含德⑨,不惕予一人⑩。予若观火⑪,予亦拙谋⑫,作乃逸⑬。

"若网在纲⑭,有条而不紊⑮;若农服田力穑⑯,乃亦有秋⑰。汝克黜乃心⑱,施实德于民⑲,至于婚友⑳,丕乃㉑敢大言,汝有积德!乃不畏戎毒于远迩㉒,惰农自安㉓,

---

① 匿:隐瞒。指:意旨,意图。 ② 用:因此。丕:大。钦:敬。 ③ 罔:无。逸:过错。逸言,指错误的言论。 ④ 丕:大。 ⑤ 聒聒(guō 郭):吵吵嚷嚷。指贵族大臣纷纷散布浮言,扰乱民心。 ⑥ 起:兴起,指编造。信:通"伸",散布。肤:浮,指夸浮不实的话。 ⑦ 讼:争辩。 ⑧ 荒:废。兹德:指先王任用旧臣之德。 ⑨ 含:隐藏。 ⑩ 惕:通"施",给予。 ⑪ 观火:即洞若观火的意思。 ⑫ 拙:不擅长做某种事情。 ⑬ 作:兴起,造成。逸:放纵。 ⑭ 若:好像。纲:拉网的大绳。 ⑮ 紊:乱。 ⑯ 服:事,治。服田即治理农田。穑(sè 色):收获庄稼,泛指农事。 ⑰ 乃:才。秋:指秋收,收获。 ⑱ 克:能够。黜(chù 处):去掉。 ⑲ 实德:实惠,指迁徙新居。盘庚认为只有带领人民迁往新居,清除水患的潜在威胁,才算是有实德。 ⑳ 婚:指婚姻关系,也就是亲戚关系。 ㉑ 丕乃:众说不一,杨树达《词诠》认为相当于"于是",今从之。大言:自夸。 ㉒ 戎:大。远迩:远近。 ㉓ 惰:使懒惰,这是使动用法。

不昬作劳①,不服田亩②,越其罔有黍稷③。

"汝不和吉言于百姓④,惟汝自生毒,乃败祸奸宄⑤,以自灾于厥身⑥。乃既先恶于民⑦,乃奉其恫⑧,汝悔身何及!相时憸民⑨,犹胥顾于箴言⑩,其发有逸口⑪,矧予制乃短长之命⑫?汝曷弗告朕⑬,而胥动以浮言⑭,恐沈于众⑮?若火之燎于原,不可向迩⑯,其犹可扑灭⑰?则惟汝众自作弗靖⑱,非予有咎⑲!

"迟任有言曰⑳:'人惟求旧㉑;器非求旧㉒,惟新㉓。'

---

① 昬:读为敃(mǐn 泯),勉力,努力。　② 服:治,耕治。　③ 越:通"粤"。句首语气助词。其:语气词,表示将会。黍稷:高粱和小米。　④ 和:宣布。吉言:良言,指劝民迁都的话。　⑤ 奸宄(guǐ 鬼):做恶在外为奸,作恶在内为宄。败祸奸宄,泛指各种灾祸。　⑥ 灾:危害。　⑦ 乃:你们。先:倡导,引导。　⑧ 乃:就。奉:承受。恫(dòng 洞):痛苦。　⑨ 相:察看。时:这些,此指那些。憸(xiān 先):小。憸民就是小民。　⑩ 胥:相互。顾:顾虑。箴言:规劝之言,即上文"小人之攸箴"。　⑪ 发:发言。逸:过错。逸口即从口中说出错话。　⑫ 矧:何况。制:制约,操纵。　⑬ 曷:为何。　⑭ 动:煽动的意思。　⑮ 恐:恐吓。沈:通"扰",迷惑。　⑯ 迩:接近。　⑰ 其:读为岂。　⑱ 靖:安定的意思。　⑲ 咎:过错。　⑳ 迟任:传说中古代的贤人。　㉑ 惟:只是,总是。旧:旧人,指世家旧臣。　㉒ 器:器具。　㉓ 惟新:即器惟求新的意思。清代学者江声认为:器惟求新是比喻国都也是居久了则坏,应当求新邑。

"古我先王,暨乃祖乃父①,胥及逸勤②,予敢动用非罚③?世选尔劳④,予不掩尔善。兹予大享于先王⑤,尔祖其从与享之⑥。作福作灾,予亦不敢动用非德⑦。

"予告汝于难⑧,若射之有志⑨。汝无侮老成人⑩,无弱孤有幼⑪。各长于厥居⑫,勉出乃力,听予一人之作猷⑬。

"无有远迩⑭,用罪伐厥死⑮,用德章厥善⑯。邦之臧⑰,惟汝众⑱;邦之不臧,惟予一人有佚罚⑲。

"凡尔众,其惟致告⑳,自今至于后日,各恭尔事㉑,

---

① 暨:及,与。 ② 及:俱,一起。 ③ 非罚:指不合乎法度的惩罚。 ④ 选:通"篡",继承的意思。 ⑤ 兹:这里,指现在。享:祭祀。 ⑥ 其:将要。从:随着。与:参与,一起。 ⑦ 非德:不合乎道理的赏罚。 ⑧ 难:指从政做事的艰难。 ⑨ 志:志向,目的。射之有志,即射箭必有命中的志向。 ⑩ 侮老:唐《石经》作"老侮",轻忽的意思。老,意动用法,以为某人老了,不中用了。 ⑪ 弱孤:与老侮一样,轻视欺凌的意思。有:助词。 ⑫ 长:掌管,负责。居:所居之职。 ⑬ 猷:谋划,决断。 ⑭ 远迩:指关系的亲疏。 ⑮ 罪:指刑法。死:与善相对,指恶。 ⑯ 德:赏。即上文"非德"之德。章:表彰。以上三句是说:不管远近亲疏,一律用刑法来惩罚他的罪恶,用赏赐来表彰他的善行。 ⑰ 邦:国家。臧:善。 ⑱ 惟:只。 ⑲ 佚:失,过失。佚罚,指惩罚不当。这里应该包括奖赏在内。 ⑳ 其:语气助词,含有希望的意思。惟:思考。 ㉑ 恭:通"供"。恭事即奉事、供职。

齐乃位①,度乃口②。罚及尔身,弗可悔!"

【翻译】

盘庚打算把都城迁到殷,平民都不愿到新居去住,就相率呼吁一些贵戚大臣出来,向他们倾诉苦衷,说:"我王盘庚即位之前,我们就已经在奄这个地方居住了。先王选择这里居住,是因为重视爱护我们民众,不让我们受到水灾的伤害。假如认为我们在这里不能相互帮助生存下去,那么就通过占卜来问问神意,看神说会怎么样吧。先王办事,一向恭敬小心遵从天命,选中奄这个地方为都,难道不能长久安宁吗?我们一直难得在一个地方长久居住,到现在已经迁了五次了!今天不继承先王恪守天命的传统,无法知道天的决断和命令,哪里敢谈什么继承先王之功业呢?就像那仆倒的树木和砍剩的树桩还要生出新枝嫩芽一样,上天将会让我们长久住在这个新迁来不久的都城里,继承和复兴先王的大业,安定四方。"

盘庚察觉到臣民的抵触情绪,明白这是由于在位的大臣和贵族以浮言煽动,便打算用先王的制度来整顿法

---

① 齐:整齐,端正。位:指官位和等级。 ② 度:通"斁",堵塞、闭住的意思。

纪,制止人心混乱,就对大臣说:"不准有人胆敢听从小民的牢骚。"王于是命令众人,都到王庭上来。

"王这样说道:"过来!你们大家。我告诫你们,训导你们,是为了去掉你们的私心,使你们不要傲慢和贪图安逸。

"过去我们的先王,总是考虑任用世家旧臣一起参与管理政事。他们执行先王发布的命令,不敢隐匿先王的意图。因此先王大为敬重他们。大臣们从不说越轨的话,小民因此也变得非常温顺善良。现在你们吵吵嚷嚷,编造散布一些邪恶浮夸的话,我不知你们到底要争辩些什么?

"不是我自己荒废了先王任用旧臣的制度,而是你们隐藏才德不为寡人效劳。我观察问题洞若观火,但是我却不善于具体安排施行,这就使得你们放肆起来。

"比如只有把网结在纲绳上,才会有条有理而不紊乱;比如农夫种田,只有奋力耕种,才会有秋天的收获。如果你们能够去掉私心,把实在的恩惠施给庶民,以至于你们的亲戚好友,那么你们就可以公开夸耀自己积有善德。如果你们不考虑后果地大放厥词以毒害远近的臣民,使他们懒惰而自图安逸,不努力耕作,不治理田地,那么就不可能得到高粱小米之类的收获。

"你们不把我的善言向黎民百姓宣布,这只会使你们自己害自己。于是各种灾难祸害都会发生,并将祸及你们自身。你们既然引导人们抵制迁都,那么灾祸带来的痛苦也只有你们自己来承受。到那时你们再悔恨也来不及了!看看那些小民,尚且顾虑自己的牢骚,怕说出越轨的话,何况我操纵着你们的生杀大权呢!你们有意见为什么不事先来告诉我,却要相互传播浮言来恐吓、蛊惑人心呢?就像草原上燃起大火,根本不能接近,又岂能把它扑灭?这种动乱不安的情形完全是你们众人自己造成的,而不是我有什么过错。

"古代的贤人迟任说过:'用人总是要求用世家旧臣;器具却不能要旧的,而应该用新的。'

"过去我的先王及你们的祖先劳逸与共,我怎敢对你们任意动用不当的刑罚呢?如果你们世世代代继承你们祖先的功劳和业绩,我是不会掩盖埋没你们的美德的。现在我要大祭我的先王,你们的祖先也将随着一同享受祭祀。无论你们是行善享福,还是作恶受灾,皆由自己的行动决定,我是不敢任意动用不适当的赏罚的。

"我要告诉你们从政办事的艰难,就像射箭一样,必须中靶。你们不要轻侮成年人,也不要欺凌孤弱幼小。你们应该掌管好各自的职责,努力发挥你们的力量,听从寡人作出的决断。

"无论远近亲疏,我都要一律对待,用刑法惩罚他的罪恶,用奖赏表彰他的善行。如果国家治理好了,那全是你们众人的功劳,如果国家治理不好,那只能怪寡人奖惩赏罚不当。

"你们所有的人,都要仔细考虑我对你们的训话。从今而后,你们要各自尽力完成自己的职责,敬慎你们的职位,闭住你们的嘴巴。否则惩罚就会落到你们的头上,到那时再要后悔就来不及了。"

盘 庚(中)

盘庚作①,惟涉河以民迁②。乃话民之弗率③,诞告用亶④。其有众咸造⑤,勿亵在王庭⑥。盘庚乃登⑦,进厥民⑧。

曰:"明听朕言,无荒失朕命⑨。呜呼!古我前后⑩,

---

① 作:制作,这里指制造渡河的船只。 ② 惟:思考,谋划。 ③ 话:通"佸",会合,会集。率:遵循,跟从。 ④ 诞:大。亶:诚。 ⑤ 其:那,那些。有:助词。造:至,到。 ⑥ 亵(xiè谢):近,靠近。勿亵是说民众既害怕又不愿听,故远远站着不靠近来。 ⑦ 登:指登上讲坛。 ⑧ 进:使动用法。使进,使靠前。 ⑨ 荒:废的意思。失:通"佚",轻忽。 ⑩ 后:王。前后即先王。

罔不惟民之承保①,后胥感鲜②,以不浮于天时③。

"殷降大虐④,先王不怀厥攸作⑤,视民利用迁⑥。汝曷弗念我古后之闻⑦?承汝俾汝⑧,惟喜康共⑨,非汝有咎比于罚⑩。予若吁怀兹新邑⑪,亦惟汝故⑫,以丕从厥志⑬。今予将试以汝迁,安定厥邦。

"汝不忧朕心之攸困⑭,乃咸大不宣乃心⑮,钦念以忱⑯,动予一人⑰。尔惟自鞠自苦⑱,若乘舟⑲,汝弗济⑳,臭厥载㉑。尔忱不属㉒,惟胥以沉㉓。不其或稽㉔,

---

① 惟:思考,考虑。承:顺,顺利。 ② 胥:通"谞",知道,明白。感:通"咸",貴咸,大臣。鲜:鲜明,明白。 ③ 以:希望。浮:罚,惩罚。 ④ 殷:多。大虐:指商代累世所受水患。 ⑤ 怀:安。攸:所。作:建造。所作指旧居之地。 ⑥ 用:以。 ⑦ 闻:传闻,指关于商人历次迁都的传说。 ⑧ 承:顺。俾:从。 ⑨ 惟:只是。康:安。共:通"拱",坚固。指城邑牢固无水灾之患。 ⑩ 咎(jiù旧):过错。比:近,使动用法。指使他们接近(受到)惩罚。 ⑪ 吁:呼吁,号召。怀:安,愿意。 ⑫ 惟:只是。 ⑬ 丕:大。 ⑭ 忧:忧恤,体谅。 ⑮ 宣:坦露、敞开。 ⑯ 钦念:恭敬地思考(盘庚的号召)。忱:诚信。 ⑰ 动:感动。 ⑱ 惟:只,只会。鞠:穷困,困苦,指不愿迁居,甘愿在此遭受水灾的困苦。 ⑲ 若:好像。 ⑳ 济:渡。 ㉑ 臭:腐朽。载:指船。 ㉒ 属:关注。忱不属,指不以其诚听取(盘庚的训导)。 ㉓ 胥:互相。 ㉔ 其:它的。或:不定代词,指某人某事。稽:考稽,检查。

自怒曷瘳①。汝不谋长以思乃灾②,汝诞劝忧③。今其有今罔后④,汝何生在上⑤?

"今予命汝一⑥,无起秽以自臭⑦。恐人倚乃身⑧,迁乃心⑨。予迓续乃命于天⑩,予其汝威⑪?用奉畜汝众⑫。

"予念我先神后之劳尔先⑬,予丕克羞尔⑭,用怀尔⑮,然失于政⑯,陈于兹⑰,高后丕乃崇降罪疾⑱,曰:'曷虐朕民⑲?'汝万民乃不生生⑳,暨予一人猷同心㉑,先后丕降与汝罪疾,曰:'曷不暨朕幼孙有比㉒!'故有爽德㉓,自上其罚汝㉔,汝罔能迪㉕。

---

① 瘳(chōu抽):病愈。曷瘳,指如何能解决问题。 ② 谋长:谋长久之计。 ③ 诞:大。 ④ 有今罔后:指今天还有活路,以后就没有活路了。 ⑤ 上:地上,指人世间。 ⑥ 一:指统一思想,同心同德。 ⑦ 起:拿起。秽:污秽之物。臭:嗅。 ⑧ 倚:读作掎,偏引,指引向歧途。 ⑨ 迁:曲,邪。使动用法,表示"使你的心歪邪"。 ⑩ 迓(yá牙):奉,迎。 ⑪ 其:岂。 ⑫ 奉:帮助。畜:养。 ⑬ 后:王。劳:使动用法。使辛劳,指役使。 ⑭ 丕:不。羞:进,使动用法。使你们进,犹言带领。 ⑮ 怀:安定。 ⑯ 失于政:指治国有误。 ⑰ 陈:拖延。 ⑱ 高后:先王。丕乃:于是。崇:重复,多次。疾:灾祸。 ⑲ 虐:虐待。 ⑳ 乃:若。生生:前一生字是动词,表示产生;后一生字是名词,指生路。生生就是寻找生路。 ㉑ 暨:与。猷:谋,谋划。 ㉒ 幼孙:指盘庚。比:亲近。 ㉓ 爽:差错。 ㉔ 上:指先王在天之灵。 ㉕ 迪:逃。

"古我先后既劳乃祖乃父,汝共作我畜民①。汝有戕则在乃心②,我先后绥乃祖乃父③,乃祖乃父乃断弃汝④,不救乃死。兹予有乱政同位⑤,具乃贝玉⑥。乃祖乃父丕乃告我高后曰⑦:'作丕刑于朕孙⑧!'迪高后丕乃崇降弗祥⑨。

"呜呼!今予告汝:不易⑩。永敬大恤⑪,无胥绝远⑫。汝分猷念以相从⑬,各设中于乃心⑭。乃有不吉不迪⑮,颠越不恭⑯,暂遇奸宄⑰,我乃劓殄灭之⑱,无遗育⑲,无俾易种于兹新邑⑳!

"往哉,生生!今予将试以汝迁,永建乃家!"

【翻译】

盘庚制造了一些船只,打算把臣民渡过河去迁往新

---

① 共:同,同样。 ② 戕(qiāng枪):残害。则:通"贼",杀害。 ③ 绥:告诉。 ④ 乃:于是,就会。 ⑤ 乱:治。乱政即治理政务。同位:指同僚大臣。 ⑥ 贝:货贝。商代以贝壳作货币。 ⑦ 丕乃:于是。 ⑧ 丕:大。 ⑨ 迪:引导。崇:重。弗祥:指灾祸。 ⑩ 易:变更。 ⑪ 恤:存问,关心。 ⑫ 胥:相。 ⑬ 分猷念:帮我出谋划策。 ⑭ 中:正,指正道。 ⑮ 乃:如果。吉:祥,善。迪:正道。 ⑯ 颠:狂。越:僭越。 ⑰ 暂:读为渐,欺诈。遇:读为隅,诈伪。 ⑱ 劓(yì艺):割鼻子的刑罚。殄:灭绝。 ⑲ 遗:遗留。育:读为胄,后代。 ⑳ 易:延,延续。种:种子。指后代。

都。于是就召集那些不愿迁移的臣民,开诚布公地作了一次训话。他的许多臣民都来了,但都不愿靠近王庭。盘庚就登上高台,让民众往前站。

盘庚说:"你们要认真地听我讲,不要忽视我的命令。啊!从前我的先王,无不考虑人民的顺利平安。国王明察,大臣明理,以求不受到上天的惩罚。

"过去上天多次降下大的灾害,先王对他所建的都邑感到不理想,为了民众的利益而迁移。你们为何不回想一下有关我先王的这些传闻呢?我历来顺从民众的心愿,只喜欢使大家安居乐业,而不会因为你们说了错话而惩罚你们。我号召你们要喜欢新的都城,也正是为了你们的缘故,这正是从根本上顺从你们的意志啊!现在我要把你们迁移过去,以安定我们的国家。

"你们不体谅我内心的苦衷,不以坦诚的心恭敬地思考我的号召,听信我的劝告。你们真是自讨苦吃,就像乘船渡河,你不渡过去,却坐等船只腐烂。你们不以诚恳的态度听取我的训告,就只会全部沉入河底。你们不去检查是什么原因,却只是自生闷气,那怎么能解决问题呢?你们不作长远打算,来考虑对付灾祸,你们这样做,反而大大增添我的担忧。从现在开始,你们将只有今天没有明天,到那时,你们凭什么继续活在世上?

"现在我要求你们同心同德,不要拿起脏东西就闻,不要听到浮言就信。我怕坏人就要把你们引上邪路,使你们心思歪邪。我从上帝那里奉命延续你们的生命,我哪里是想威胁你们?只不过是为了帮助和养育你们大家啊!

"我想我的神明的先王,曾经指挥过你们的祖先,如果我现在不能带领你们迁徙,以便安定你们,反而治国失误,在这里拖延下去,先王之灵就要不断降灾祸惩罚我,说:'为什么虐待我的臣民?'如果你们成千上万的臣民都不肯随我去寻找生存之路,与寡人同心相谋,那么先王便要重重地降下罪罚来,说:'为什么不跟我的幼孙站在一起?'所以你们的德行要是有了差错,先王之灵自会来惩罚你们,你们是无法逃脱的。

"从前我的先王既然役使过你们的祖先,你们同样也就是我养育的子民。如果你们心怀恶意,我的先王便会告诉你们的祖先,你们的祖先就会和你们断绝关系,抛弃你们,不会挽救你们的死亡。现在我的手下有些执政的大臣同僚,只知道聚敛货贝宝玉,他们的先祖先父就告诉我的先王说:'使用严刑去整治我的不肖子孙们吧!'就会引导我的先王重重地把罪罚降到他们头上。

"唉!今天我向你们宣布:迁徙的计划是不会改变的。我们应当永远相互敬重关心,不要相互疏远和分裂。你们应当服从我并帮助我出谋分忧,各自都把正道放在心上。假如有人心怀不善,不行正道,狂妄僭越,不恭不敬,诈伪奸邪,作恶多端,那么我就要使用各种严刑来灭绝他们,连他们的后代也不留下,不让他们的子孙在新的都城中繁衍下去。

"走吧!去寻找生存之路吧!我要努力把你们迁往新都,在那里永久性地建立起新的家园!"

盘　庚(下)

盘庚既迁①,奠厥攸居②,乃正厥位③,绥爰有众④,曰:"无戏怠,懋建大命⑤。今予其敷心腹肾肠⑥,历告尔百姓于朕志⑦。罔罪尔众,尔无共怒,协比谗言予一人⑧。

"古我先王,将多于前功⑨,适于山⑩,用降我凶德⑪,

---

①既:已经。前两篇讲的都是将迁未迁之事,本篇则为迁都之后的事。　②奠:安定。　③乃:于是。位:指宗庙朝廷的方位。　④绥:告。爰:于。　⑤懋(mào茂):勉力。这句是说:勉力实施执行我的命令。　⑥敷:铺叙,陈述。心腹肾肠:指肺腑之言。　⑦历:数,遍。于:以。　⑧协:协和,结合。比:亲附,勾结。谗言:说坏话,诽谤。　⑨将:欲,希望。　⑩适:往,迁。山:山地。旧说指亳。　⑪用:以。降:减少。凶德:指水灾之凶事。

嘉绩于朕邦①。今我民用荡析离居②，罔有定极③。尔谓朕：'曷震动万民以迁？'肆上帝将复我高祖之德④，乱越我家⑤。朕及笃敬⑥，恭承民命，用永地于新邑⑦。

"肆予冲人⑧，非废厥谋⑨，吊由灵各⑩。非敢违卜⑪，用宏兹贲⑫。

"呜呼！邦伯、师长、百执事之人⑬，尚皆隐哉⑭！予其懋简相尔⑮，念敬我众⑯。

"朕不肩好货⑰，敢恭生生⑱，鞠人谋之保居⑲。叙

---

① 嘉：美，善。嘉绩，用作动词，指给我们国家带来美功善事。 ② 用：以，因为。荡：动荡不能定居。析：分散。离居：流离失所。荡析离居是指民众受到水灾的影响，动荡不安，流离失所，四处分散，不能安稳定居。 ③ 极：止。指固定的住址。 ④ 肆：今。高祖：指先王商汤。 ⑤ 乱：治。越：扬。指发扬光大，即复兴之意。家：指家邦，国家。 ⑥ 及：通"汲"，急迫，勤勉。笃：忠厚诚实。 ⑦ 用：以，以图。地：名词作动词，指居住。 ⑧ 肆：今。冲：童，幼小的意思。 ⑨ 厥：代词，指大家。 ⑩ 吊：善。由：用。灵：神，指上帝。各：读为格，谋度，旨意。 ⑪ 卜：卜兆。 ⑫ 用：以。宏：宏扬光大。贲(bì毕)：美。 ⑬ 邦伯：州伯，州的首领。师长：公卿大臣。百执事：负责具体事务的百官。 ⑭ 尚：庶几，表示祈使语气。隐：量度，考虑。 ⑮ 懋：勉励。简：阅。相：视。 ⑯ 念：念念不忘，指尽职尽责。 ⑰ 肩：用作使动，使承担，即任用的意思。好(hào号)：喜好。 ⑱ 敢：表示愿的意思。恭：举用。生生：寻求生路。 ⑲ 鞠：养。保：安。

钦①。今我既羞告尔于朕志若否②，罔有弗钦③。无总于货宝④，生生自庸⑤，式敷民德⑥，永肩一心⑦。"

【翻译】

盘庚把臣民迁到新邑之后，安定了他们的住所，然后又辨正了宗庙朝廷的方位，于是他向众人宣告："不要轻忽懈惰，而要勉力执行我的命令，重建家园。现在我要铺陈心曲，把我的想法全都告诉你们众人。我没有惩罚你们，你们也不要一起发怒生气，勾结在一起说寡人的坏话。

"从前我的先王为了超过前人的功业，把都邑迁到山上，以此来减少水患凶灾，给我们的国家带来莫大好处。现在我们的人民因洪水泛滥而流离失所，没有固定的住处。你们问我：'为什么要惊动万民把他们迁往新邑？'这是因为上天将复兴我高祖成汤的业绩，治理并繁荣我们的国家。为此我当然要急切、忠诚、恭敬地接受天意，恭谨地延续人民的生命，以图永久安居在这个

---

① 叙：次序。 ② 羞：进献。羞告尔，犹言给你们提供意见。若：顺，赞同。若否，意思是赞同什么反对什么。 ③ 钦：敬重。 ④ 总：聚敛。 ⑤ 庸：用，事。生生自庸，即以为民谋生为己事。 ⑥ 式：语气助词。敷：施。敷民德，就是为民实施善事。 ⑦ 肩：承担，指放在心上。

新邑。

"现在我这个年幼的人,不是不听从你们的意见,而是要好好地执行上天的意志。我不敢违背卜兆所显示的天意,而要去宏扬上天的这个美意。

"唉!各位州官、各位大臣、各位官吏,你们还是都好好地考虑各自的职责吧!我将尽力检查你们是否尽职尽责、认真恭谨地治理我的臣民。

"我决不任用贪财的人,而要任用那些为民众寻求幸福的人。凡能养民并设法让人民安居乐业的人,我将按照次序赏赐他们。今天我既然把我主张什么反对什么的志向都告诉了你们,就不准你们不敬重遵行。你们不要只知聚敛货贝宝器,而要以为民众谋求生路为自己的职责,为民众实施善事,永远做到忠贞不二,同心同德!"

高宗肜日

　　高宗名叫武丁,商朝的第二十三位君主,是商代卓有成就的政治家。在盘庚之后,商朝国势再次衰败。高宗继位后,再一次把商朝国势推向强盛。

　　高宗年少时曾在民间服劳役,与平民一起生活,比较了解稼穑的艰难和民间疾苦,所以他继位后,就选用奴隶出身的傅说为宰相,励精图治,使国势复振。之后,他便大力向西北扩张势力,打败了舌方、土方、鬼方等敌对势力,把版图扩展到今天河北、山西、陕西、内蒙古一带,为商王朝的发展奠定了坚实的基础。武丁之后商朝继续扩张,终于成为当时世界上的文明大国之一。

本篇文章，《史记》认为是武丁之臣祖己所作，有人则根据它的文字没有《盘庚》古奥而推断为东周时期的作品，郭沫若则认为这篇文章不可信。但无论如何，本文仍不失为一篇不可多得的古史记载。

本文所记载的主要是祖己的言论。他指出上天"降年有永有不永"，因而告诫高宗要"敬民"、"正德"、重礼，通过良好的政治来求得上天的永久赐命，即永久的统治权。反映了高宗君臣畏天命、重人事的思想以及急欲中兴国势的愿望。

高宗肜日①，越有雊雉②。祖己曰③："惟先格王④，

---

① 肜（róng 融）：头一天祭祀之后第二天又祭叫肜。② 越：于是，在这时。雊（gòu 购）：雄野鸡的叫声。雉：野鸡。这句是说野鸡在鼎耳上鸣叫。古人认为这是不祥之兆。③ 祖己：武丁手下的贤臣。下面两句是祖己对同僚讲的。④ 格：正，端正，指安定。祭祀时的不祥之兆使得武丁心神不宁，因此祖己说要先安定王心。

正厥事①。"乃训于王②,曰:"惟天监下民③,典厥义④。降年有永有不永⑤,非天夭民⑥,民中绝命⑦。民有不若德⑧,不听罪⑨,天既孚命⑩,正厥德⑪,乃曰⑫:'其如台⑬?'呜呼!王司敬民⑭,罔非天胤⑮,典祀无丰于昵⑯。"

【翻译】

高宗在刚祭祀完的第二天又举行祭祀,这时有雄性野鸡飞到鼎耳上鸣叫。祖己对同僚们说:"要先稳定我王武丁的心,再来整顿政事。"于是就向王告诫道:"上天一直监察着下民,掌管着人间的道义。上天降给下民的寿命有长有短,不能怪上天让有些人早夭,而是有些人自己不行正义而中途短命的。如果有小民不顺从德义,

---

① 正:修整。 ② 乃:于是。训:告诫。 ③ 监:监视,监察。 ④ 典:掌管,执政。义:道义,真理。古人认为按照天理行事叫义。 ⑤ 降:降下,指上天赐给下民。年:年龄,寿命。 ⑥ 夭:早死。这里用如动词,指天罚他早死。 ⑦ 中:中途。绝:断绝。中绝命,即早夭而死。 ⑧ 若:顺,从。 ⑨ 听罪:服罪,悔改。 ⑩ 孚:熹平石经作"付"。付与,给与。付命即上文的"降年"。 ⑪ 正:纠正。 ⑫ 乃:才。 ⑬ 如台(yí姨):如何。 ⑭ 司:读为嗣,指继承王位。 ⑮ 胤:后裔,后代。 ⑯ 典:主持,操办。昵:通"祢(nǐ你)",指父庙。古制:生曰父,死曰考,入庙曰祢。

不服其罪的话，那么上天既然有权赐给他命数，也就有权纠正他的不道德行为，让他短命。到那时才说'我该怎么办呢'就晚了。唉！历代国王继承王位后都敬重民众，每位国王无不是上天的后代，所以我王在主办祭祀时，不要只顾在自己的父庙里摆过于丰盛的祭品！"

西 伯 戡 黎

　　西伯指周文王,戡黎就是征伐黎国。周文王征伐黎国的时间众说不一,在《史记》里就有"文王四年"和"文王五年"两说。至于这篇文章的写作年代,也有不同的看法,《书序》认为是纣臣祖伊所作,有人则根据"天既讫我殷命"的话,推断本文为后人追记,更有人推测本文为东周时期作品。

　　本篇反映了商朝内外的社会状况和各种矛盾。在外部,商与周的矛盾激化了。此时周已经从一个落后的部落联盟发展为一个强大的国家,商纣王为了挫败周国,便把周文王拘禁在羑(yǒu友)里,文王以计脱身后,便加紧了对商朝周围小国的征伐，黎国便是其中之一。与此同时，商朝内部的社会矛盾也十分尖锐突出，商纣王整日沉湎酒乐，人民无不盼着商纣的灭亡。文王伐黎后，祖伊警告纣王，纣王却认为自己的命是上天安排好的，无须担心。祖伊则反驳道：虽然你的地位是上天给的，但如果你沉湎酒乐就会遭到上天的抛弃。这种观点反映了商代天命观的动摇。这种思想到了周人那里便发展为"轻天重民"的思想。因此，本篇无论是在历史记载上还是在思想史上，都有重要的价值。

西伯既戡黎①，祖伊恐②，奔告于王③。曰："天子④，天既讫我殷命⑤。格人元龟⑥，罔敢知吉⑦。非先王不相

---

① 戡：征伐。黎：国名，在山西上党一带。 ② 祖伊：商朝贤臣。 ③ 王：指纣王，也就是受。 ④ 天子：指纣。 ⑤ 既：其，表示将要。讫：止，中止。殷：即商，盘庚迁都殷（今河南安阳）后，商也就称殷。 ⑥ 格人：能知天命吉凶的人，也就是卜人。元龟：大龟。商人用龟壳来占卜。 ⑦ 敢：能够。知吉：发现吉兆。

我后人①,惟王淫戏用自绝②。故天弃我,不有康食③。不虞天性④,不迪率典⑤。今我民罔弗欲丧⑥,曰:'天曷不降威?'大命不挚⑦,今王其如台⑧?"

王曰:"呜呼!我生不有命在天⑨?"

祖伊反⑩,曰:"呜呼!乃罪多参在上⑪,乃能责命于天⑫?殷之即丧⑬,指乃功⑭,不无戮于尔邦⑮。"

【翻译】

周文王征服了黎国之后,祖伊十分恐惧,就跑去向纣王报告。说:"天子啊,上天将要中止我们殷朝的天命了。占卜的人用大龟壳占卜,却不能够看出吉兆。这并不是先王不帮助我们后人,只因为大王你荒淫戏耍,以

---

① 相:助,帮助。 ② 惟:只因。戏:戏耍,戏玩。这两句是说:不是先王之灵不帮助我们这些后代,只因为大王你荒淫戏玩,以此自绝于祖先。 ③ 康:安。 ④ 虞:度料。天性:指天道,即人若不修德则天绝其命的法则。 ⑤ 迪:由,遵从。率:法度。 ⑥ 丧:灭亡。指民欲纣丧亡。连下句即《汤誓》"时日何丧,我与汝皆亡"之意。 ⑦ 大命:指天命。挚:至。不挚即天命不至,天已抛弃我们的意思。 ⑧ 如台(yí移):如何。 ⑨ 我生不有命在天:我当商王难道不是上天安排好的吗? ⑩ 反:返回。 ⑪ 参:森列。上:上天。 ⑫ 责:责怪。 ⑬ 即:近,接近。 ⑭ 指:示,视。功:事,指纣王的所作所为。 ⑮ 戮:诛杀。

西伯戡黎

至于自绝于天。所以上天抛弃我们,我们将连口平安饭也吃不上了。我王不明天道,不遵守祖先们留下来的法典制度。现在我们的人民无不盼望大王你死,说:'上天为什么不降天威来惩罚他?'天命即将失去,现在我王该怎么办呢?"

纣王说:"嗨!我当上殷王这难道不是上天的天命吗?"

祖伊回来后,叹道:"唉!你的罪恶太多了,都一一罗列在上帝面前,你还能责怪上天不保佑你吗?殷国眼看就要灭亡了。看你的所作所为,你不可能不被诛杀在你的国家里。"

牧　誓

牧指商人国都朝歌郊外的牧野,誓指周武王在向纣王进攻之前向周军发布的誓辞。

据记载,周文王死后的第四年,武王在做好一切准备之后,率领周军及附庸国的军队来到商都朝歌讨伐纣王。纣王匆忙组军应战,双方大战于朝歌之郊牧野。结果纣王战败,赴火而死。本文记录了武王战前的誓辞,因在牧野发布,故称牧誓。

《牧誓》提到随从周军伐纣的有许多附庸国及各种职官,又列举出纣王的罪行:一是宠信女人,二是废弃祭祀,三是抛弃兄弟,四是任用罪人,五是暴虐百姓。武王捧出上天的权威,说是恭行天之罚。武王正是以纣王的罪行和上天的权威证明了自己伐纣的正义和合理。最后他还申明军纪,勉励将士努力作战。其中对待俘虏的政策,也是反映当时历史实情的绝好材料。

本文短小精悍,文字流畅易懂,是《尚书》中的一篇佳作。

时甲子昧爽①,王朝至于商郊牧野②,乃誓③。王左

---

① 甲子:古人用干支配合的方法纪日,甲子即甲子日。据《史记》记载这是周武王十一年的二月甲子日,即二月初五。但又有人推算说是武王十三年的二月甲子。还有人说是文王受命后的第十三年,实即武王的第四年,更有人据当年出现哈雷彗星的情况,推算这是公元前1057年,据1996年启动的夏、商、周三代断代工程之专家们论定,此年当是公元前1046年。昧爽:就是天刚蒙蒙亮,半明半暗的时候。 ② 王:即周武王。朝(zhāo 招):清晨。牧野:地名,据考证是在今河南淇县以南卫辉以北地区。 ③ 誓:用作动词,指举行誓师大会,发布誓辞。

杖黄钺①,右秉白旄以麾②,曰:"逖矣③,西土之人④!"

王曰:"嗟⑤!我友邦冢君⑥、御事⑦:司徒、司马、司空、亚旅、师氏、千夫长、百夫长⑧,及庸、蜀、羌、髳、微、

---

① 杖:执扶。黄钺(yuè越):钺是圆口大斧,安有长柄,古人用作征伐杀戮的象征。钺的两侧铸有图案,装有黄金饰片,故称黄钺。这是武王掌握最高军事权力的象征。 ② 秉:握。白旄(máo矛):用旄牛尾系于竿顶的军旗。这种白旄军旗是武王指挥周军的信物。麾(huī挥):指挥。这句是说,右手握着白旄军旗用来指挥军队。 ③ 逖(tì替):远。 ④ 西土:周在西方,商在东方,故《尚书》多称周为西土,商为东土。这里所说的西土包括周的属国在内,他们也跟随周武王同来讨伐纣王。 ⑤ 嗟(jiē皆):表示感叹的语气词。 ⑥ 冢(zhǒng肿)君:邦的君主。冢,大,是对君主的尊称。 ⑦ 御事:御,治理。御事指治理事务的大臣官员,也就是下述的司徒、司马、司空以及百夫长等等。 ⑧ 司徒:三卿之一,主要负责土地和民众的事务,这时随军参战,当另有临时性职责,是武王手下最高级的官员。司马:也是三卿之一,主要负责军政和军赋,这时随军,是武王手下主要的高级军官。司空:三卿之一,平时主要负责工程,也是武王的高级军官。亚旅:亚是次一级的意思,旅是众的意思。亚旅指比卿低一级的军官,相当于上大夫一级。师氏:指中大夫一级的军官,主要负责君王的安全保卫工作。千夫长(zhǎng掌):官长。周军编制二千五百人为师,师的长官叫做千夫长,也叫师帅,属中大夫级。百夫长:周军五百人为旅,旅的长官叫百夫长,又叫旅帅,属下大夫级。

卢、彭、濮人①,称尔戈②,比尔干③,立尔矛④,予其誓。"

王曰:"古人有言曰:'牝鸡无晨⑤。牝鸡之晨,惟家之索⑥。'今商王受⑦,惟妇言是用⑧;昏弃厥肆祀⑨,弗答⑩;昏弃厥遗王父母弟⑪,不迪⑫,乃惟四方之多罪逋逃⑬,是崇是长⑭,是信是使,是以为大夫卿士,俾暴虐于百姓⑮,以奸宄于商邑。今予发⑯,惟恭行天之罚⑰。今

---

① 这句所列举的都是西方的古老部族,当时都是周的属国。其具体地点,说法不一,据考证,庸约在今湖北竹山西南,蜀约在今陕西汉中东南,羌约在今甘肃南部的渭水源头之南,髳(máo矛)约在今山西平陆南,微约在今陕西眉县西南,卢约在今湖北襄阳西南,彭约在今湖北房县西南,濮约在今湖北郧县和河南邓州之间。 ② 称:举起。戈:古代长兵器之一,长柄,柄端横置尖状双刃物,可击可刺。 ③ 比:比次,排列。干:盾牌,周人的盾多用皮革制成。 ④ 立:竖立。 ⑤ 牝(pìn聘):雌性。晨:指清晨打鸣报晓。这句是说,母鸡不能报晓。用来比喻女人不能参与国家大事。 ⑥ 索:空,尽。指家庭破败衰落。 ⑦ 受:纣王的名字。 ⑧ 妇言:指妲己的话。妲己原是己姓诸侯有苏氏的女儿,以美貌获得纣王宠爱。 ⑨ 昏:同"昬",通"泯"(mǐn敏)。泯,蔑,轻蔑。弃:抛弃不管。肆:祭祀的一种。肆祀泛指祭祀。 ⑩ 答:过问。 ⑪ 遗:遗留,指同祖遗传下来的。王父母弟:即同祖的从兄弟。这是指比干、箕子等人。 ⑫ 迪:进用。 ⑬ 乃:反而。多罪逋逃:即犯有许多罪行而逃亡在外的人。逋(bū不):逃亡。 ⑭ 崇:尊崇,重视。长:任用为官长。 ⑮ 俾(bǐ笔):使。 ⑯ 发:武王的名字。 ⑰ 天之罚:上天对纣王的惩罚。

日之事,不愆于六步七步①,乃止,齐焉②。夫子勖哉③!不愆于四伐五伐六伐七伐④,乃止,齐焉!勖哉夫子!尚桓桓⑤,如虎如貔⑥,如熊如罴⑦,于商郊。弗迓克奔⑧,以役西土⑨。勖哉夫子!尔所弗勖⑩,其于尔躬有戮⑪!"

【翻译】

　　时间在二月甲子的拂晓,周武王一早来到商都郊外的牧野,于是举行战前的誓师。武王左手杖着黄钺,右手握着白旄军旗,用来指挥军队。他说:"远途而来,你们辛苦了,西土的人们!"

　　武王又说:"唉!我的友邦的君主们、大臣官员们:司徒、司马、司空、亚旅、师氏、千夫长、百夫长以及庸、蜀、羌、髳、微、卢、彭、濮等国的人们,举起你们的戈,排好你们的盾牌,竖起你们的矛,我将要发布誓命了。"

---

　　① 愆(qiān 牵):超过。　② 齐:整齐行列的步伐。　③ 夫子:对上述冢君、御事的敬称。勖(xù 序):努力、尽力。　④ 伐:刺杀,一击一刺称为一伐。这两句是申明军纪,进攻中要随时保持步伐招数整齐,只有这样才能阵容严整。　⑤ 尚:表示命令语气。桓桓:威武的样子。下面两句就是威武样子的具体说明。　⑥ 貔(pí 皮):传说中的一种猛兽,类似豹子。　⑦ 罴(pí 皮):马熊。　⑧ 迓(yà 亚):读为御,强暴,暴虐。克:杀。奔:投奔周军,投降者。　⑨ 役:服役,服劳役。　⑩ 所:若。　⑪ 躬:身体。戮:杀。

武王又说:"古人有句话:'母鸡不能报晓。母鸡要是报晓,他家就只有败亡破落了。'现在商王受只是听用妇人之言,轻蔑地抛弃他的祭祀大事,不去过问;他还轻蔑地抛弃同一祖父母的从兄弟,不去重用。而是只尊崇、重用、信任、使用天下四方罪恶多端的逃犯,用他们作为大夫卿士,使他们虐害商国的百姓,在商国内外干尽各种坏事和罪行。现在我姬发只是要恭敬地施行上天的惩罚。今天作战时,大家行进不超过六步七步,就停下来,就地整顿一下队形,然后接着前进。将士们,努力啊!刺杀之中不超过四次五次六次七次,就要停顿一下,就地整齐一下阵容。努力啊,将士们!我命令你们,战斗中要威武雄猛,像老虎,像豹貔,像黑熊,像罴熊,勇猛地战斗在商都郊野,不要虐待杀害投降的俘虏,要用他们为西土服劳役。努力啊,将士们!你们如果不努力杀敌,你们将要身受杀戮!"

洪　范

　　《洪范》是《周书》中的一篇，也是整个《尚书》中最重要的篇目之一。洪范，就是大法的意思，内容主要讲治国的大法。《洪范》共分为两个部分，从开始到"威用六极"为第一部分，概述君主治国大法；其余为第二部分，分述君主九种治国大法。

　　关于《洪范》产生的年代，意见纷纭。传统的说法是，禹得《洛书》，历代相传，至商代传于箕子。周武王灭掉商朝，向箕子请教治国之道，箕子便为武王传述，被史官记了下来，这就是《洪范》。汉代学者刘歆和班固认为《洪范》中有些文字，便是《洛书》中的内容。到了近代，不少学者则认为,《洪范》产生在战国时期。但今人则认为《洪范》产生在春秋中叶以前,因为《左传》曾引用了《洪范》中的一些文字,所以它不会晚于《左传》。

由于《洪范》创作时代较早,追述的史实更早,加上它的内容又很丰富,所以很有价值,是研究古代历史,特别是古代政治思想和哲学思想的重要文献。

惟十有三祀①,王访于箕子②。王乃言曰:"呜呼!箕子,惟天阴骘下民③,相协厥居④,我不知其彝伦攸叙⑤。"

箕子乃言曰:"我闻在昔,鲧陻洪水⑥,汩陈其五

---

① 惟:发语词。有:又。祀:年。殷人把年叫做祀。十三年,是指周文王受命后的第十三年,也就是武王即位后的第四年,也是商朝灭亡后的第二年。 ② 箕子:纣王的亲戚。为人贤明。一说是纣王的叔父,一说是纣王的同父异母兄弟。 ③ 阴:同"荫"。骘(zhì 至):定。阴骘是庇荫安定的意思。 ④ 相:助。 ⑤ 其:指上天。彝(yí 宜):常。攸:所。叙:次序。用作动词,指使万民有秩序,有主宰、支配的意思。 ⑥ 鲧(gǔn 滚):禹的父亲,他用堵塞之法治水失败,被舜流放至死。陻(yīn 因):堵塞。

行①。帝乃震怒，不畀洪范九畴②，彝伦攸斁③，鲧则殛死④。禹乃嗣兴⑤，天乃锡禹洪范九畴⑥，彝伦攸叙。

"初一曰五行⑦；次二曰敬用五事⑧；次三曰农用八政⑨；次四曰协用五纪⑩；次五曰建用皇极⑪；次六曰乂用三德⑫；次七曰明用稽疑⑬；次八曰念用庶征⑭；次九曰向用五福⑮，威用六极⑯。

---

① 汩(gǔ 古)：乱。五行：指水、火、木、金、土运行规律。② 畀(bì 壁)：给。洪：大。范：法。畴：种类。③ 斁(dù 杜)：败坏。 ④ 殛：通"极"，极远。指流放到极远的地方。 ⑤ 禹：夏朝的创始人，他采用疏通的办法治水成功。嗣(sì 四)：继承。兴：兴起。 ⑥ 锡：即赐，赐给。 ⑦ 五行：言五种能为人用的物质。即水、火、木、金、土。详见下文。⑧ 次：相当于今天的第。五事：即下文所说的貌、言、礼、听、思。 ⑨ 农：读为醲，厚，厚用。指重视。八政：即下文食、货、祀、司空、司徒、司寇、宾、师八种政事。 ⑩ 协：和，合。协用，是说将纪时方法与天时历象相结合。五纪：即下文岁、月、日、星辰、历数，是五种纪时方法。 ⑪ 极：极则，即根本性准则。 ⑫ 乂(yì 异)：治理。指治理国民。三德：即下文所说的正直、刚克、柔克。 ⑬ 稽：考察。这句是说遇有疑惑不解之事，须用各种占卜考察明白。各种占卜方法详见下文。 ⑭ 念：考虑。庶：众多。征：征兆。意思是说考虑问题则需要检查各种征兆。 ⑮ 向：奖励，勉励。五福：即下文所说的寿、富、康宁、攸好德、考终命。这句是说用五种幸福作为奖励。 ⑯ 威：畏，使动用法，使畏惧，指惩戒。极：穷极，指灾祸。此句是说：要想使民畏惧，需用六种灾祸作为惩戒。

"一、五行：一曰水，二曰火，三曰木，四曰金，五曰土。水曰润下①，火曰炎上②，木曰曲直③，金曰从革④，土爰稼穑⑤。润下作咸⑥，炎上作苦⑦，曲直作酸⑧，从革作辛⑨，稼穑作甘⑩。

"二、五事：一曰貌⑪，二曰言⑫，三曰视⑬，四曰听，五曰思⑭。貌曰恭⑮，言曰从⑯，视曰明⑰，听曰聪⑱，思曰

---

① 润：渗透，滋润。下：向下，是说水性向下流。 ② 炎：燃烧。上：向上，是说火性燃烧，其焰向上。 ③ 曲直：指木可以弯曲可以伸直。 ④ 从：顺从。革：变革，变更。是说金属的本性是可以听从人的熔铸变形。 ⑤ 爰：《史记》作"曰"。稼：种。穑：收获。 ⑥ 润下作咸：意思是说水性向下湿润，呈咸味。 ⑦ 炎上作苦：是说向上燃烧的火呈苦味。 ⑧ 曲直作酸：是说可曲可直的木呈酸味。 ⑨ 从革作辛：是说可以听从人改变形状的金属呈辣味。 ⑩ 稼穑作甘：是说可以耕种庄稼的土呈甜味。有人认为是从土中长出的庄稼呈甜味。以上详述五行的本性和味道，是为了告诉人们要因物制宜，这样五行才能为人所用。 ⑪ 貌：外貌，外表。 ⑫ 言：语言，谈话。 ⑬ 视：看，观察。 ⑭ 思：思考。 ⑮ 貌曰恭：指外貌要恭敬。 ⑯ 从：顺从，指顺从道理，合乎道理。 ⑰ 这句是说观察要仔细、清楚。 ⑱ 此句是说耳朵听话时要灵敏。

睿①。恭作肃②，从作乂③，明作哲④，聪作谋⑤，睿作圣⑥。

"三、八政⑦：一曰食⑧，二曰货⑨，三曰祀⑩，四曰司空⑪，五曰司徒⑫，六曰司寇⑬，七曰宾⑭，八曰师⑮。

"四、五纪⑯：一曰岁，二曰月，三曰日，四曰星辰⑰，五曰历数⑱。

"五、皇极⑲：皇建其有极⑳，敛时五福㉑，用敷锡厥庶

---

① 睿：(ruì 瑞)：明智，通达。这句是说思考问题要深刻通达。 ② 这句是说君主外貌恭敬，天下人就会严肃。 ③ 这句是说言语合乎道理，天下就会大治。 ④ 哲：明哲，有智慧。 ⑤ 这句是说君主善于听取意见，臣下就会积极进谋。 ⑥ 这句说君主思维深刻通达就能成为圣人。 ⑦ 八政：指八种政事。 ⑧ 食：指解决吃饭问题，即农业生产。 ⑨ 货：财物，指金银玉帛。 ⑩ 祀：祭祀。 ⑪ 司空：掌管建筑工程和民居。 ⑫ 司徒：掌管教化人民和土地赋税。 ⑬ 司寇：掌管司法、刑狱和纠察。 ⑭ 宾：掌诸侯朝觐之官，负责接待和外交事务。 ⑮ 师：掌军事事务之官。以上八政的秩序是以轻重缓急来排列的。 ⑯ 五纪：指五种纪时方法。岁是纪年，月是纪月，日是纪日。 ⑰ 星辰：天空星辰出没的时间不同，出现的位置不同，都能表现季节的变化。观察星象变化，可以推算年月的时间。 ⑱ 历数：指日月在天空中运行所经历的度数。 ⑲ 皇：君。 ⑳ 有：名词词头。极：极则，准则。这句是说君主事机繁多，必须建立一个根本性的准则。 ㉑ 敛：聚。时：是，这。五福：寿、富、康宁、攸好德、考终命。

民①。惟时厥庶民于汝极②,锡汝保极③。凡厥庶民,无有淫朋④,人无有比德⑤,惟皇作极。凡厥庶民,有猷有为有守⑥,汝则念之⑦;不协于极,不罹于咎⑧,皇则受之⑨。而康而色⑩,曰:'予攸好德。'汝则锡之福,时人斯其惟皇之极⑪。无虐茕独而畏高明⑫。人之有能有为,使羞其行⑬,而邦其昌。凡厥正人⑭,既富方谷⑮,汝弗能使有好于而家⑯,时人斯其辜⑰。于其无好德,汝虽锡之福,其作汝用咎⑱。无偏无陂⑲,遵王之义;无有作好⑳,

---

① 用:以。敷:布,施予。 ② 惟时:只有这样。于:通"迂",广大的意思。于汝极,犹言重视汝极。 ③ 保:守,遵守。这句是说庶民赐给你遵守准则。指民以此作为报答。 ④ 淫:邪恶。朋:朋党。 ⑤ 比:偏袒。 ⑥ 猷:谋划。为:作为。守:遵守。 ⑦ 念:思念,经常想着。 ⑧ 罹(lí离):遭受,陷于。咎:罪过。 ⑨ 受:接受,容忍。 ⑩ 而:通"尔",你。康:安详,平和。色:脸色,指脸色温和。 ⑪ 斯:于是,就。这句是说:这种人就会惟君是从,不再违背皇极了。 ⑫ 茕(qióng穷):孤独。茕独,指鳏寡孤独,无依无靠的人。高明:高贵显赫,指贵族。 ⑬ 羞:进献。行:德行。进其行就是为国尽力。 ⑭ 正人:指在位的官长。 ⑮ 方:并且。谷:禄。表示地位高贵。 ⑯ 好于而家:犹言忠于国家。 ⑰ 辜:罪,指有罪。这句是说:这种人就将有罪于国。 ⑱ 作:产生,指带来。 ⑲ 偏:不正。陂:不平不正。 ⑳ 作:产生。好:喜好。

遵王之道;无有作恶①,遵王之路;无偏无党②,王道荡荡③;无党无偏,王道平平④;无反无侧⑤,王道正直。会其有极⑥,归其有极⑦。曰皇极之敷言⑧,是彝是训⑨,于帝其训⑩。凡厥庶民,极之敷言,是训是行⑪,以近天子之光⑫。曰天子作民父母,以为天下王。

"六、三德⑬:一曰正直⑭,二曰刚克⑮,三曰柔克。平康正直⑯,强弗友刚克⑰,燮友柔克⑱。沉潜刚克⑲,高明

---

① 恶(wù务):厌恶。好恶指个人的好恶,与君主所立的道义准则不合,所以告诫要遵王之路。 ② 党:朋党。 ③ 荡荡:平易,平坦。 ④ 平平:义同荡荡。荡荡、平平均是说王道平坦易行。 ⑤ 反:违反正道。侧:与正相对,斜、不正的意思。反、侧都是对王道的违背和偏离。 ⑥ 会:聚会,集中。有极,即上文"皇建其有极"之"有极",指君主所建立的准则,亦即王道。 ⑦ 归:归顺,归向。 ⑧ 敷言:所陈述之言。 ⑨ 彝:常。本句中彝、训均作意动用法,即以皇极之敷言为常法和训条。 ⑩ 于帝其训:犹言其训于帝。 ⑪ 是训是行:倒装,原作"训是行是"。此句是说顺从和奉行极则。 ⑫ 光:指道德光辉。 ⑬ 三德:指人的三种性格。谓人有不同,帝王治理臣民当据其性格区别对待。 ⑭ 正直:指中正和平、刚柔适中。 ⑮ 刚:刚烈,强硬。克:胜。刚克就是以刚为胜,指其性格偏于刚烈。下"柔克"类此。 ⑯ 以下三句是讲三德的特点。平康正直,正直之人自然有平和安康之性。 ⑰ 强弗友刚克:刚克之人刚强而不可亲近。 ⑱ 燮(xiè谢):和,柔和。这句是说柔克之人自然柔和可亲。 ⑲ 沉潜:柔弱,与高明相对。沉,下沉。潜,潜伏。沉潜当以刚强补之,才能完备其德。

柔克①。惟辟作福②，惟辟作威③，惟辟玉食④。臣无有作福作威玉食。臣之有作福作威玉食，其害于而家，凶于而国，人用侧颇僻⑤，民用僭忒⑥。

"七、稽疑：择建立卜筮人⑦。乃命卜筮⑧，曰雨，曰霁⑨，曰蒙⑩，曰驿⑪，曰克⑫，曰贞⑬，曰悔⑭，凡七。卜五⑮，占用二⑯，衍忒⑰。立时人作卜筮，三人占，则从二人之言。汝则有大疑⑱，谋及乃心，谋及卿士，谋及庶人，

---

① 高明：与沉潜相反，指性格刚强，当以柔弱补之，以完备其德。 ② 惟：只。辟：君主。作福：指赏赐福禄。 ③ 作威：指使用刑罚。 ④ 玉食：美食。 ⑤ 人：指百官。用：因此。本句中侧、颇、僻都指不合于王道。 ⑥ 民：指百姓。僭：越。忒(tè特)：同"慝"，邪恶。僭忒就是犯上作乱为邪为恶。 ⑦ 择：选择。建立：指提拔任用。卜：指以火灼龟甲视其裂纹形状以占吉凶。筮：指据分数蓍草的变化以占吉凶。此句是说选择任用能卜善占的人。 ⑧ 命：犹言请命，请求指示。以下七种则是有关卜筮的名称。 ⑨ 霁：龟甲裂纹似雨止时云气在天上未散的形状。 ⑩ 蒙：龟甲裂纹似雾气郁积不散的形状。 ⑪ 驿：龟甲裂纹似云气上升半有半无的形状。 ⑫ 克：相克，相犯，指龟甲裂纹似阴阳气相犯时的样子。 ⑬ 贞：蓍草卜筮时的内卦。 ⑭ 悔：外卦。以上七者，前五种属于卜，后二种属于筮。 ⑮ 卜五：指雨、霁、蒙、驿、克五种用龟壳占卜的征兆。 ⑯ 占用二：即贞、悔两种用筮草占卦的卦象。 ⑰ 衍忒：变化，指卦象多变。 ⑱ 则：若，如。

谋及卜筮。汝则从,龟从①,筮从②,卿士从,庶民从,是之谓大同。身其康强,子孙其逢③,吉。汝则从,龟从,筮从,卿士逆④,庶民逆,吉。卿士从,龟从,筮从,汝则逆,庶民逆,吉。庶民从,龟从,筮从,汝则逆,卿士逆,吉。汝则从,龟从,筮逆,卿士逆,庶民逆,作内吉⑤,作外凶⑥。龟筮共违于人⑦,用静吉⑧,用作凶。

"八、庶征⑨:曰雨,曰旸⑩,曰燠⑪,曰寒,曰风。曰时五者来备⑫,各以其叙,庶草蕃庑⑬。一极备⑭,凶;一极无,凶。

---

① 龟从:指用龟占卜吉利。 ② 筮从:指以蓍草占卜吉利。 ③ 逢:大,指繁盛。 ④ 逆:不从,不同意,意见相反。五者之中三从二逆,从者多,故吉。 ⑤ 作:举事,办事。内:内部,家内、国内。 ⑥ 外:外部,家外、国外。以上两句讲:在内部办事是吉祥的,在外面办事是凶险的。 ⑦ 违:违反,违背,指不从。 ⑧ 静:安静。指不作,不举事。与下句是说:不举事就吉,举事就凶险。 ⑨ 庶征:各种不同的气候现象,可以作人事好坏的征兆,故又叫庶征,参见下文休征、咎征二节。 ⑩ 旸(yáng阳):日出。旸与雨对言,当指晴天。 ⑪ 燠(yù玉):温暖,炎热。 ⑫ 时:指示代词,指代以上五种现象。 ⑬ 庶草:指各种植物。蕃:繁盛。庑:丰茂。 ⑭ 一:指五种现象中的一种。极:极点,过甚。

"曰休征①：曰肃，时雨若②；曰乂，时旸若；曰晢，时燠若；曰谋，时寒若；曰圣，时风若。

"曰咎征③：曰狂④，恒雨若⑤；曰僭⑥，恒旸若⑦；曰豫⑧，恒燠若；曰急⑨，恒寒若；曰蒙⑩，恒风若。

"曰王省惟岁⑪，卿士惟月⑫，师尹惟日⑬。岁月日时无易⑭，百谷用成⑮，乂用明，俊民用章⑯，家用平康。日月岁时既易⑰，百谷用不成，乂用昏不明，俊民用微⑱，家

① 曰：发端之词。下几个曰字表并列关系。休征：好的征兆。 ② 时：按时来到。若：从，指从之而至。肃、乂、晢、谋、圣见前五事一节，此五事指人事，言人若能做到这五事，则天象出现下述五种休征。 ③ 咎征：坏的征兆。 ④ 狂：狂妄，傲慢，与肃相反。 ⑤ 恒：常，指淫雨不停。若：随之而来。下同。 ⑥ 僭(jiàn见)：差失。 ⑦ 恒旸：长期出太阳，指久旱不雨。 ⑧ 豫：通"舒"，举事迟缓。 ⑨ 急：急躁，与豫相反。 ⑩ 蒙：蒙昧，昏庸。以上讲人事不当，则天现咎征。 ⑪ 王省：指对王在五事方面的行为进行省察。惟岁：是说一年要有一次。 ⑫ 卿士：高级官员，包括贵族。此句涉上省去"省"字，下句同。 ⑬ 师尹：师，众。尹，正，长。师尹即卿士下面办具体事务的众多官吏。 ⑭ 易：变化。指异常的变化。 ⑮ 成：年成，指丰收。 ⑯ 俊：俊杰，有才能者。章：彰，显。指拔用人才，未有埋没。 ⑰ 既易：已经发生变化，指帝王至官吏都出现失误，引起咎征。 ⑱ 微：隐，指不受提拔重用。

用不宁。庶民惟星①,星有好风②,星有好雨③。日月之行,则有冬有夏;月之从星,则以风雨④。

"九、五福⑤:一曰寿⑥,二曰富,三曰康宁⑦,四曰攸好德⑧,五曰考终命⑨。六极⑩:一曰凶短折⑪,二曰疾⑫,三曰忧,四曰贫,五曰恶⑬,六曰弱⑭。"

【翻译】

十三年,周武王访问箕子。王说道:"唉!箕子,上帝庇荫安定小民,帮助他们和睦地住在一起。但我不知道上天的常理大法是怎样安排的?"

---

① 这句是说:民众只是像星星一样(对于政事及天象没什么影响)。 ② 好:喜好。星有好风,马融说:"箕星好风。" ③ 星有好雨:马融说:"毕星好雨。"箕与毕都是二十八星宿之一。以上两句比喻民众性情不一,所好无常,如星一样。 ④ 二句是说:日月如果随从星星,则会造成反常的气候(风雨之灾)。这是以众民比星星,君主、臣子比日、月。星(民)可从日、月(君、臣),日月不可从星,否则就会引起反常的气候(风雨之灾)。以上讲庶征,实际处处以人事为基准,自然界的庶征,无不与人事相关连。 ⑤ 五福:五种幸福。 ⑥ 寿:长寿。 ⑦ 康:安。 ⑧ 攸:由,遵守。好:善,美。 ⑨ 考:老。终命:指寿终正寝,善终。 ⑩ 极:穷,与福相对,指灾祸、苦难。 ⑪ 凶短折:没有成人就死叫凶,不到二十岁就死叫短,没有结婚就死叫折。 ⑫ 疾:疾病。 ⑬ 恶:罪恶,丑恶。 ⑭ 弱:懦弱不壮。

箕子于是回答道："我听说，从前鲧用堵塞的办法治理洪水，结果扰乱了上天安排的五行的规律，于是上帝大怒，就没有把九种治国大法授予他，结果治国的常道遭到败坏，鲧也被流放到远地而死。于是禹接替鲧治水，获得成功，上帝就把治国的九种大法赐给了禹，这样常道大法才得到施行。

"上天的九种大法如下：第一，五行；第二，认真恭敬地做好五个方面的事情；第三，重视八个方面的政事；第四，使五种纪时方法与日月运行规律相合；第五，建立君主的根本性原则；第六，用三种方法治理臣民；第七，通过考稽疑问使问题清楚；第八，考虑问题要查验各种征兆；第九，用五种幸福作奖励，用六种灾难作惩罚。

"一、五行：第一叫做水，第二叫做火，第三叫做木，第四叫做金，第五叫做土。水的本性是湿润而向下，火的本性是燃烧而向上，木的本性是可曲可直，金的本性是可以听从人们熔铸变形，土的本性是可以种植庄稼。湿润而向下的水呈咸味，燃烧而向上的火呈苦味，能曲能直的木呈酸味，可以熔铸变形的金呈辣味，种植庄稼的土呈甜味。

"二、五方面的事情：一是外貌，二是语言，三是观察，四是闻听，五是思考。外貌要恭敬，语言要合乎道理，观察要明锐，闻听要灵敏，思想要深刻。外貌恭敬就能使天下人严肃,语言合理就能使天下大治,观察明锐就能明智,闻听灵敏就能多闻善谋,思想深刻就能圣明。

"三、八方面的政务:一是解决吃饭问题,二是管理好财货,三是搞好祭祀,四是搞好营建和民居,五是管好土地赋税和教化民众,六是解决司法治安问题,七是管理礼宾外交,八是管理军事事务。

"四、五种纪时方法:一是纪年,二是纪月,三是纪日,四是观察星辰天象,五是推算历数。

"五、君主的根本准则:君主应该建立根本准则,聚集五种幸福,以赏施给你的臣民。只有这样臣民才会信奉你的准则,并以遵行守护这个准则作为对你的报答。凡是你的臣民,不准结党营私,不准朋比为奸,只能以君主为法则。凡是你的臣民,如有智慧有作为有操守,那么你就应该时常记住他们。如果有些人的行为虽不合乎你的准则,但还没有陷入罪恶之中,那么君主就得宽恕他。如果有人和颜悦色地说:'我喜好美德。'你就赐福给他,这种人就会以君王为法则。你不要虐待无依无靠的人而畏惧高贵显赫的人。对于有能力有作为的人,要让他们贡献德才,这样国家就会昌盛。凡是那些在位的官长,既富又贵,你若不能使他们忠于你的国家,这种人就会有罪于国。对那些不喜好美德的人,你虽赐福给他,他最终还是给你带来灾难。不要偏邪不正,都要遵循君王所指引的道义；不要有个人的私好，要遵守君王所建立的道德规范；不要有个人的私恶，要遵从君王所指引的道义准则；不偏颇不结朋党，王道才能平坦宽阔；不结私党不怀私念，王道才能宽阔平坦；不背离正道，王道才能正直不斜。臣下都要统一于君主的根本准则之下。关于君主的准则，应当作为大法和训条，因为这都是上帝的旨意。所有你的臣民，对这些准则和训条都应该顺从执行，以便接近天子的道德之光。告诉臣民：天子是人民的父母，上天以天子为天下的君王。

"六、三种德性：一是正直，二是偏于刚强，三是偏于柔弱。正直的人自然平和安康，刚强的人自然刚烈而不可亲近，柔弱的人自然温和可亲。对沉潜柔弱之人，要用刚强去补充它；对高明刚烈之人，要用柔弱去补充他。只有君主才能专行赏庆，只有君主才能专施刑罚，只有君主才能专享美食。臣子不可行赏庆、施刑罚、享美食。如果臣子行赏罚享美食，那将会祸害你的国家，给你的国家带来凶灾。官吏因此而奸邪，百姓因此而不守本分。

"七、稽察疑问：选择并任用占卜占筮的人，然后让他们用龟甲占卜，用蓍草占筮。卜筮的兆象卦象共有七类：一是雨形兆象，二是云气在上形兆象，三是雾气郁积形兆象，四是云气半升半降形兆象，五是阴阳相克晴雨不定形兆象,六是内卦卦象,七是外卦卦象。龟甲的兆象有五种,蓍草的卦象有两种,但其具体变化十分繁多复杂。任命懂得这些形象及其变化的人去卜筮,三个人中间如果有两个意见一致,那么你就应该听那两人的。如果你有大的疑问,首先要在你的内心思考,其次再与卿士商量,然后再与百姓商量,最后再问卜筮。如果你自己同意,龟卜出现吉象,筮占出现吉象,卿士同意,百姓同意,这就叫大同。这样,自身健康强壮,子孙繁茂昌盛,大吉大利。如果你自己同意,龟卜吉象,筮占吉象,而卿士反对,庶民反对,也是吉利的。如果卿士同意,龟卜吉,筮占吉,你不同意,庶民不同意,也是吉利的。如果庶民同意,龟卜吉,筮占吉,而你自己不同意,卿士不同意,这也是吉利的。如果你同意,龟卜吉象,筮占凶象,卿士反对,庶民反对,在内部举事则吉利,而在外面举事则凶险。如果龟卜、筮占都违背人意,那么静止不动就吉利,而贸然行动就凶险。

"八、众多的征兆:一是下雨,二是天晴出太阳,三是温暖炎热,四是寒冷,五是起风。如果这五者都完备地出现,并按规律依次发生,那么各种草木庄稼就繁荣茂盛。如果其中一种现象出现的过多,就是凶险的;如果一种现象完全不出现,也是凶险的。

"好的征兆:如果天子办事恭敬严肃,雨水就会及时而降；如果天子政治清明，晴天就会按时出现；如果天子明察秋毫，温暖季节就会按时来临；如果天子深谋远虑，寒冷的季节就会按时来临；如果天子通达事理，风就会按时而起。

"坏的征兆：如果天子狂妄傲慢，雨水就会久下不停；如果天子办事失误，太阳就会久悬不落；如果天子举事迟缓，炎热的干旱就会永不停止；如果天子办事急躁，寒冷的季节就会永不消失；如果天子昏庸无能，大风就会永不消歇。

"天子的反省一年必有一次，卿士一月必有一次，官吏一日必有一次。天子官吏都无失误，未引起反常的咎征，百谷就会获得丰收，政治就会清明，贤才就能受到重用，国家就会平安。如果天子至官吏有了失误，引起了反常的咎征，百谷就会受灾，政治就会黑暗不明，贤才就会埋没无闻，国家就会不得安宁。庶民正像星星，有的星星喜好风，有的星星喜好雨。日月正常运行，就会有冬有夏，四季分明。如果日、月跟从星辰，就会出现风雨之灾。

"九、五种幸福：一是长寿，二是富贵，三是平安，四是修养美德，五是寿终正寝。六种灾难：一是短命，二是疾病，三是忧愁，四是贫穷，五是罪恶，六是懦弱无能。"

康 诰

　　康,指周武王同母弟康叔,其名叫封。诰,是上以言告下,警诫下属。本篇是周公以摄政王身份告诫康叔的文辞。因此,康诰就是周公告诫康叔。诰是《尚书》中记言式的文体,如《大诰》、《酒诰》、《洛诰》等。

　　据《史记》记载:周武王死后,成王继位。因为年幼,周公摄政,不久武王弟弟管叔、蔡叔、霍叔勾结武庚发动叛乱,周公率兵东征,讨平叛乱。此后,周公把康叔封在殷商故地卫,以统治殷商遗民。周公担心康叔年少,故在他上任之前,特地训诫一番,让他利用殷人中的贤人君子长者,吸取殷朝兴亡的经验教训,爱护民众，以巩固周的统治。这是周公摄政第四年的事。

　　本文提出明德、慎罚、保民的治国原则，并反复阐明有关问题。主张抚恤民众，善于用人，敬重贤能，镇压反叛。为了安定民心，一方面要明德保民，另一方面则要慎罚。所有这些，对后世都有重要影响。所以本文对于了解周初治国方略、意识形态，以及周公这个杰出政治家的卓越见解，都是一篇重要的历史文献。

惟三月哉生魄①，周公初基作新大邑于东国洛②。

---

　　① 惟：句首助词。古文纪日月，多以惟字开头。哉：始。魄：月光。　② 基：谋划。大邑：天子所居，即王都。国：国都。洛：洛邑，在洛水（今河南洛河）之北，本是殷人的城邑，周公扩建，称成周城，迁殷人居之。又筑新城，叫做王城，由周人居住。二城均属洛邑，在今河南洛阳。周之都城本在镐（今陕西长安），故称洛邑为东国。

四方民大和会①。侯甸男邦采卫百工播民和见②,士于周③。周公咸勤④,乃洪大诰治⑤。

王若曰⑥:"孟侯⑦,朕其弟⑧,小子封⑨!惟乃丕显考文王⑩,克明德慎罚⑪,不敢侮鳏寡⑫,庸庸⑬,祗祗⑭,威威⑮,显民⑯,用肇造我区夏⑰,越我一二邦⑱,以修我

---

① 和:同。会:合。前人说是"同心来会"。　② 侯甸男采卫:指九服中的五服。古代制度,以王畿为中心,向外划分,每五百里为一服,自内而外共有九服:侯服、甸服、男服、采服、卫服、蛮服、夷服、镇服、藩服,蛮服之内称为中国,之外称为蛮夷。邦:国君。百工:百官。播:播迁,即流离迁徙。播民指殷之遗民。和见:即和会。　③ 士:事,事奉。此处表示臣服。　④ 勤:劳,慰劳。　⑤ 洪:代替。治:指治国之道。这二句是说,周公在慰劳之后,又代成王向康叔告诫治国之道。　⑥ 王:指周公。周公为摄政王,故也称王。　⑦ 孟侯:指康叔。⑧ 其:之。　⑨ 小子:犹言少子。封:康叔的名字。　⑩ 丕显:犹言伟大光明。考:已逝世的父亲。文王是周武王及周公、康叔的父亲。　⑪ 明:宣明,崇尚。慎:慎重。　⑫ 侮:轻视。⑬ 庸:用。前庸字作动词,后庸字作名词,是说任用可任用之人。　⑭ 祗(zhī 枝):敬重。句法同"庸庸",是说敬重可敬重之人。　⑮ 威:通"畏",句法同上,是说敬畏可敬畏之人。⑯ 显民:显示给民众。指公开,不隐瞒。　⑰ 肇(zhào 造):始。造:开创,创建。区:区域,领土。夏:中夏,中国,指周,在今山西南部、陕西东南部与河南西部一带。　⑱ 越:与。

西土①。惟时怙冒②，闻于上帝，帝休③，天乃大命文王，殪戎殷④。诞受厥命⑤，越厥邦厥民⑥，惟时叙⑦，乃寡兄勖⑧。肆汝小子封⑨，在兹东土⑩。"

王曰："呜呼！封，汝念哉⑪！今民将在祗遹乃文考⑫，绍闻衣德言⑬。往敷求于殷先哲王⑭，用保乂民⑮。汝丕远惟商耇成人⑯，宅心知训⑰。别求闻由古先哲王⑱，用康保民⑲。宏于天，若德裕乃身⑳，不废在王命㉑。"

---

① 修：治理。西土：周人的领土。因在殷之西，故称西土。 ② 惟：只。时：这，指周人的领土。怙：通"祜"，大。冒：通"勖"，勉力，努力。 ③ 休：美。帝休是说上帝感到满意和赞赏。 ④ 殪(yì异)：死，指消灭。戎：大。 ⑤ 诞：大。 ⑥ 越：与。 ⑦ 时：这，指殷国殷民。叙：本指秩序，这里用作动词，指使殷人有秩序，也就是统治治理。 ⑧ 寡兄：指周武王。 ⑨ 肆：因此。 ⑩ 东土：与西土相对，指殷。 ⑪ 念：记在心里。 ⑫ 在：观察。祗：敬重。遹(yù玉)：追述，指继承。文考：即已死去的文王。 ⑬ 绍：继承。闻：旧闻。衣，通"依"，依从，遵照。这句是说继承旧闻中关于依从德治的教诲。 ⑭ 敷：普遍。这句是说广泛访求殷人先王治民之道。 ⑮ 保：保护，安定。乂：治理。 ⑯ 丕：大。惟：思考。丕远是惟的修饰，即深思远虑。耇(gǒu苟)：老人。成人：此指贤人君子。 ⑰ 宅：度量。训：道。指先王治民之道。 ⑱ 别：通"辨"，遍。由：于，向。 ⑲ 康：安定。 ⑳ 若：你。裕：宽裕，指带来好处。 ㉑ 在王命：使你在王位的天命。

王曰:"呜呼!小子封,恫瘝乃身①。敬哉!天畏棐忱②,民情大可见③。小人难保④,往尽乃心⑤,无康好逸豫⑥,乃其乂民。我闻曰:'怨不在大,亦不在小,惠不惠⑦,懋不懋⑧。'已⑨!汝惟小子⑩,乃服惟宏⑪。王应保殷民⑫,亦惟助王宅天命⑬,作新民⑭。"

王曰:"呜呼!封,敬明乃罚⑮。人有小罪,非眚⑯,乃惟终⑰,自作不典⑱,式尔⑲,有厥罪小⑳,乃不可不杀。

---

① 恫(dòng洞):痛。瘝(guān官):病。这句是说,治理国家就像自己身体有病痛一样,不可掉以轻心。所以下文说"敬哉",说"无康好逸豫"。 ② 畏:通"威",天威。指上天的惩罚。棐(fěi非):辅助。这句是说,上天只辅助有诚信的君王,并不滥施赏罚。 ③ 这句是说:天的赏罚通过民情表现出来,君王从民情就可见到上天的旨意。这就是《皋陶谟》"天明畏自我民明威"之意。 ④ 小人:指平民百姓。保:安定,指治理。 ⑤ 往:指到殷地去。 ⑥ 逸豫:安逸享乐。 ⑦ 惠:顺从。 ⑧ 懋(mào冒):勤勉其事。 ⑨ 已:感叹词。 ⑩ 惟:通"虽"。 ⑪ 服:治理。 ⑫ 应:接受。指从上帝接受。 ⑬ 惟:思考。宅:谋度。指考虑如何奉行天命。 ⑭ 这句是说对殷民改造更新。 ⑮ 敬:恭敬,慎重。明:明允公正。这是告诫康叔慎重用刑。 ⑯ 眚(shěng省):过失。 ⑰ 乃:而且。惟:想。终:终身不改。 ⑱ 不典:非法。 ⑲ 式:故意。尔:这样。 ⑳ 有:虽。

乃有大罪①,非终②,乃惟眚灾③,适尔④,既道极厥辜⑤,时乃不可杀⑥。"

王曰:"呜呼!封,有叙时⑦,乃大明服⑧,惟民其敕懋和⑨。若有疾,惟民其毕弃咎。若保赤子,惟民其康乂⑩。非汝封刑人杀人,无或刑人杀人⑪。非汝封又曰劓刵人⑫,无或劓刵人。"

王曰:"外事⑬,汝陈时臬⑭,司师⑮,兹殷罚有伦⑯。又曰要囚⑰,服念五六日⑱,至于旬时⑲,丕蔽要囚⑳。"

王曰:"汝陈时臬,事罚㉑,蔽殷彝㉒,用其义刑义

---

① 乃:若。 ② 非终:不坚持到底。 ③ 乃:而且。惟:只是。眚灾:过失造成的危害。 ④ 适:无意的过失。 ⑤ 极:尽。 ⑥ 时:这。 ⑦ 叙:遵顺。 ⑧ 明:指用刑明正。服:指民众心服。 ⑨ 敕(chì斥):勤劳工作。懋:勉力。和:和谐。 ⑩ 惟:只。 ⑪ 或:有人。 ⑫ 劓刵(yì ěr异耳):两者都是刑法,劓是割鼻,刵是割耳。又曰:曾运乾以为是衍文。 ⑬ 外事:指审听狱讼。 ⑭ 陈:陈列。时:这。臬(niè聂):法。指上述用刑原则。 ⑮ 司:察治。师:众人。 ⑯ 伦:理。这句是说,这是殷人刑罚中有理可从的部分。 ⑰ 要:审察。又曰:曾运乾以为本是表示这里也是"汝陈时臬"的旁注,后人误为正文。 ⑱ 服:伏。伏念,静思。 ⑲ 旬:十天。时:三个月。 ⑳ 丕:乃,才。蔽:判断。要囚:这里指已审过的囚犯。 ㉑ 事罚:指用刑判刑。 ㉒ 彝:法。

杀①,勿庸以次汝封②。乃汝尽逊③,曰时叙④,惟曰未有逊事⑤。已!汝惟小子,未其有若汝封之心,朕心朕德,惟乃知。凡民自得罪,寇攘奸宄⑥,杀越人于货⑦,暋不畏死⑧,罔弗憝⑨。"

王曰:"封,元恶大憝⑩,矧惟不孝不友⑪。子,弗祗服厥父事⑫,大伤厥考心⑬;于父⑭,不能字厥子⑮,乃疾厥子⑯;于弟,弗念天显⑰,乃弗克恭厥兄;兄,亦不念鞠子哀⑱,大不友于弟。惟吊兹⑲,不于我政人得罪⑳。天惟与我民彝大泯乱㉑。曰乃其速由文王作罚㉒,刑兹无

---

① 义:适宜。义刑义杀,指用刑适当,与罪相应。 ② 庸:用。次:就。这句是说,用刑要以义为准,不能只按你康叔个人的心意。 ③ 乃:若。逊:读为慎。 ④ 时:这,指代上述用刑原则。叙:顺。 ⑤ 惟:思。未有逊事:犹言未曾做到慎重,是自诫之词。 ⑥ 寇:盗贼。攘:抢夺。奸:在内作乱。宄:在外作乱。 ⑦ 越:于。杀越人于货,即杀于人,取于货。指谋财害命。 ⑧ 暋(mǐn敏):强横野蛮。 ⑨ 憝(duì对):怨恨。 ⑩ 元恶:首恶,指最大的恶。 ⑪ 矧(shěn审):示。惟:只。 ⑫ 祗:敬。服:治,服侍。 ⑬ 考:父亲。 ⑭ 于:为。 ⑮ 字:爱护抚养。 ⑯ 疾:引申为痛苦,此指使其子痛苦。 ⑰ 天显:大明。指天伦关系。 ⑱ 鞠:幼稚弱小。哀:痛苦。 ⑲ 吊:至。兹:此。指上述子不祗、父不字、弟不恭、兄不友等罪人。 ⑳ 政人:官员。得罪:服罪。 ㉑ 彝:法。泯:乱。 ㉒ 由:用。

赦①。不率大戛②，矧惟外庶子训人③，惟厥正人越小臣诸节④，乃别播敷⑤，造民大誉⑥。弗念弗庸，瘝厥君⑦，时乃引恶⑧，惟朕憝⑨。已！汝乃其速由兹义率杀⑩。亦惟君惟长⑪，不能厥家人⑫，越厥小臣外正⑬，惟威惟虐⑭，大放王命⑮，乃非德用乂⑯。汝亦罔不克敬典，乃由裕民⑰，惟文王之敬忌⑱，乃裕民，曰：'我惟有及⑲。'则予一人以怿⑳。"

王曰："封！爽惟民迪吉康㉑。我时其惟殷先哲王

---

① 刑：用刑惩治。 ② 率：遵从。戛（jiá夹）：常法。 ③ 矧：亦。外：指诸侯的。庶子与训人都是负责教导贵族及其子弟的官。 ④ 惟：与。正人：即政人。越：与。诸节：诸掌符节的官。 ⑤ 播敷：宣扬传播。指另外宣扬一套。 ⑥ 造：诈。造民即诈言惑众。大誉：指骗取声誉。 ⑦ 瘝（guān 官）：病，指危害。 ⑧ 引：助长。 ⑨ 惟：只。这句是说，惟此我最痛恨。 ⑩ 义：指刑法。率杀：即循义杀之的意思。 ⑪ 君、长：均指诸侯国的国君。上面讲到诸侯的官员，这里又来说诸侯国君。 ⑫ 能：善。这句是说，不以善化导其家人。 ⑬ 外正：外官之长。 ⑭ 这句是说，只知擅作威福，暴虐其民。 ⑮ 放：放弃。 ⑯ 乃：于是。非德：是说已不可用德教化。用乂：是说要用武力征讨。 ⑰ 由裕：启迪教导。由，读作猷，导。裕，导。 ⑱ 惟：思。敬：即明德敬德。忌：慎，即慎罚。 ⑲ 惟：思。及：赶得上。指赶得上文王，能像文王那样治国安民。 ⑳ 予一人：此为周公自称。怿（yì易）：喜悦。 ㉑ 爽：勉力。惟：思。迪：引导。

德①,用康乂民作求②。矧今民罔迪不适③,不迪则罔政在厥邦④。"

王曰:"封!予惟不可不监⑤。告汝德之说于罚之行⑥,今惟民不静⑦,未戾厥心⑧,迪屡未同⑨。爽惟天其罚殛我⑩,我其不怨⑪。惟厥罪无在大,亦无在多,矧曰其尚显闻于天⑫!"

王曰:"呜呼!封,敬哉!无作怨⑬,勿用非谋非彝⑭,蔽时忱⑮。丕则敏德⑯,用康乃心,顾乃德⑰,远乃猷裕⑱,乃以民宁,不汝瑕殄⑲。"

---

① 时:这。其:表示希望语气。惟:思。 ② 用:以此。求:读作逑,匹配。指治国安民与殷人先王相当。 ③ 矧:况。适:往。是说无导不往,导向哪里,就走向哪里。 ④ 政:善政。这句是说若不引导民众则国无善政。 ⑤ 监:戒。指引以为戒。 ⑥ 德之说:关于敬德的言论。于:与。罚之行:关于慎罚的原则和方法。 ⑦ 静:安静稳定。 ⑧ 戾:定。 ⑨ 屡:多次。同:和同,指民心统一。 ⑩ 爽惟:勉思。殛(jí疾):诛责。 ⑪ 这句是说:我将不怨恨。 ⑫ 显闻于天:是说天对人的罪行无论大小多少都知道得明明白白,一无遗漏。 ⑬ 作:起,引起。怨:民怨。 ⑭ 非谋:无道,不善之谋。非彝:非法,指非法之事。 ⑮ 蔽:塞蔽。时:此,这。忱:诚心。 ⑯ 丕:大。则:效法,学习。敏德:古人以为"仁义顺时"为敏德,这里实泛指美德,即古先哲王之美德。 ⑰ 顾:反省,指随时注重之。 ⑱ 远:广远,指推广。猷裕:教化、教导。 ⑲ 瑕:瑕疵,用作动词,指指责、怨恨。殄(tiǎn填):灭绝。

王曰:"呜呼!肆汝小子封①,惟命不于常②。汝念哉!无我殄享③。明乃服命④,高乃听⑤,用康乂民。"

王若曰:"往哉!封。勿替敬⑥,典听朕诰⑦,汝乃以殷民世享。"

【翻译】

　　周公摄政第四年的三月,月亮刚生成一钩光亮的月初,周公开始谋划在东方都城的洛邑营建新的王都。四方的臣民大规模地到此同心聚会。侯服、甸服、男服的国君,采服、卫服的百官,以及殷朝的遗民,都来进见周公,表示替周朝办事,臣服于周。周公对他们进行慰劳,于是代替成王大发训诰,告诉他们治理国家的大道理。

　　摄政王周公这样说:"诸侯的首领,我的弟弟,年轻的封!你伟大显赫的先父文王,能崇尚道德,慎用刑罚,不敢欺侮无依无靠的人,任用可以任用的人,敬重可以敬重的人,利用镇压手段使应该敬畏的人敬畏,这些治

---

①肆:今。　②常:一直,长久。此句是说,天命不是长久赐给一个王朝的。　③享:祭祀。古代天子诸侯才能祭祀天地山川祖先诸神,国在则祭祀不断,国亡则祭祀中绝。无我殄享,即无殄我享。　④明:章明,指保持完好。服命:古代制度,诸侯服七章之服,各种事物的规制皆以七为准。服命此处代指礼仪制度。　⑤高:广。　⑥替:荒废。　⑦典:常。

国之道都向民众公开，因此才缔造了我领域内的中夏周国，以及我几个友好邻邦，来治理好了我们西方这块土地。只因为，这大力勤勉治理西土的功绩，被上帝知道了，上帝十分满意和赞美。上帝就极力授予文王天命，消灭大殷帝国。接受上帝的天命，殷国殷民被治理得秩序井然，就是我们大兄长武王继承先父文王的事业，勤奋努力的结果。因此，你这年轻的封，才被封在这东方殷商故旧的土地上。"

摄政王又说："啊！封呵，你要念念不忘啊！现在殷商臣民将要观察你如何恭敬地继承你先父文王治国的传统，如何依照古人流传下来的德教来治理国家。你前往殷地去，要普遍访求殷人前贤哲王治国安民之道，用以治理安定殷商遗民。你要深思熟虑殷商遗老的言论，度量他们的心思，懂得怎么治理殷民的道理。另外，还要从流传旧闻中探求古代先哲贤王致民安乐之道，用来使民康乐保安。这样，你的德政就会覆盖于天地，顺从仁德，让仁德充满在你身上，你的王位就不会被废弃了。"

摄政王又说："啊！年轻的封！治理国家就像诊治你身上的病痛一样，可要敬重小心啊！天帝是威严的，它只辅助诚心的君王，这可以通过民众情绪清晰地显现出来。小民是很难治理安定的，到殷地去，一定要竭尽你的心力,不要贪图安逸,爱好享受,只有这样,你才能治理好殷民。我听说这么一句话:'民怨,不在于大,也不在于小,重要的是要使不顺从我们的顺从,不努力为我们效劳的努力为我们效劳。'啊!你虽尚年轻,治理国家的责任却重大。我们的国王应天帝之命保护安定殷地民众,你也应当考虑辅助国王,奉行这一天命,使殷人重作周国新民。"

摄政王又说:"啊!封!要恭谨严明你的刑罚!如果一个人即使犯了小的罪过,但不是无心的过失,而是始终自动去做非法的事,这样,虽然他犯的罪过小,却不能不把他杀掉。如果有人犯了大罪过,但并非是始终去干非法的事,而是无心的过失所造成的罪过,用法律穷究他的罪恶时,这样的人,你就不可把他杀掉。"

摄政王又说:"唉!封呵!你只要能遵循这种用刑原则,你的用刑就会很严明,臣民就会心悦诚服,民众将勤奋和谐,相互勉励,顺从,效力。像自己有病治病一样去看待民众的过错,民众将会完全抛弃自己的过错。治理民众,就像保护幼稚无知的小儿一样,那么民众就会安宁了。这样就不是你封用刑杀人,没有哪个人敢用刑杀人,而是上帝的意志。不是你封去割人家的鼻子耳朵,没有哪个人敢割人家的鼻子耳朵,这又是上帝的意志。"

摄政王又说:"在外朝听审狱讼之事,你要陈述你所用刑的这些原则,察治民众,这是殷商刑罚中有伦理可从的部分。"又说:"审察囚犯触法犯罪,将依法判决时,要低头深思五六天,甚至于十天、三个月,然后再依法判处。"

摄政王又说:"你宣布刑法准则,判断案件时要用殷商法律,坚持用它的该受刑的一定受刑、该杀掉的一定杀掉的原则,不要依从你封的意志办事。若你竭尽全力,小心谨慎,就可以说是遵从这些刑罚准则,还要反思道:'不曾谨慎吗!'唉!你虽是个年轻人,但未有像你的心思那样仁厚的,我的心思、我的德行,只有你才能够了解。凡是民众自动获罪的,如寇贼抢夺,在内地外地捣乱、杀人,掠夺财物,强横不怕死,民众对这些罪行是没有不怨恨的。"

摄政王又说:"封啊!那种罪大恶极的人,也只是那些不孝顺父母、不友爱兄弟的人。做儿子的,不能恭敬地去治理他父亲的事业,大肆伤害他父亲的心;对于做父亲的,不能抚养爱护他的儿子于是使他的儿子极端痛苦;对于做弟弟的,不念天帝显示的伦辈关系,不能恭敬他的长兄;长兄,也不念记弱小幼稚弟弟的哀痛,对于弟弟很不友爱。民众已是到了这种不孝不恭不慈不友的地步,还不向我执政者服罪。这样,上天赐与我们治理民众的天宪大法,便受到严重的变乱破坏。我说,你就要赶快按照文王所制定的法律,对他们作出处罚。用刑处罚这些人,不要有丝毫宽恕和赦免!不遵循国家大法,也还有除小民之外的那些诸侯国的庶子、训人、正人、小臣,诸等官员。他们竟另外宣布政令,在民众中骗取很大的声誉。对国法置之度外,根本不考虑不应用,对他们的国家君主造成很大的危害,这就引导民众走向罪恶的深渊,对于这些人我是特别怨恨的。唉!你要迅速依据国法杀掉他们。也有这么些诸侯国君,掌权的官长,不能教导他们家人和他们的小臣、在外的官员从善,只管作威作福,暴虐其民,放弃国王命令。这些人就不是用德教所能治理的。你也不要不敬重国家法典,你才能引导教育民众,只有遵循文王敬忌的法则,才能教育好民众。你说:'我是努力继承文王传统的。'那么,我就非常高兴了。"

摄政王又说:"封啊!你要勤奋努力,引导民众走向和善康宁,国家才能安定。我们考虑用殷商先哲圣王的德教来治理安定民众,以与殷人先哲相媲美。况且现在的民众,没有人引导他们,就不会向善;没有人引导他们,在你的国家里,就没有政治教化存在。"

摄政王又说:"封啊,我想不可不监察总结。我告诉你这些德政教化之说和刑罚的正当的行为,是因为现今民众尚未平静,尚未使他们的心绪平静下来,多次教育引导他们,尚未能完全和我们同心同德。要努力思索,要是天帝将要责罚我们,我们不能怨恨。要想到这罪过不在大,也不在多,况且这些罪过,要被天帝明显地听到呢?"

摄政王又说:"唉!封啊!一定要敬重你治理国家的重任啊!对民众不要产生埋怨情绪,不要使用不策略的谋划和不合国家大法的手段,从而蔽塞你的诚心。你要以仁德顺应时宜为法则,并以之安定你的心绪,回顾你的德政执行如何。对于治民之道,你要深谋远虑,从长计议。你要以此来使民众安宁。这样,殷商遗民就找不到你的瑕污把你消灭了。"

摄政王又说:"唉!现今,你年轻的封啊!要知道上帝赐予的天命不会是常在的,你要好好考虑呀!不要由于你没把国家治理好,使我们断绝了享祀。要明确你治理国家的使命,扩大你的见闻,用来安定治理好你的民众。"

摄政王又说:"去吧!封啊!不要荒废你敬重其事的心,经常听取我的训诰法则,你就能用这商殷民众,世世代代享受其国了。"

酒　诰

《酒诰》也是周公以摄政王口吻对康叔封的诰诫之辞。内容是申说关于作为统治者戒酒勤政的重要性，以及有关酒与政治的历史教训和戒酒的具体措施。是一篇了解周初统治者如何治理殷民、汲取历史教训，以及他们的思想认识的重要文献。

据说，周公的诰诫由当时的史官记录下来，后来便成了《尚书》中的一篇。《酒诰》是《今文尚书》，基本可信，但错简尤多，误文不少，素称难读。我们今天只能依据前人的注释考证和研究，择善而从，知其大概而已。

王若曰①:"明大命于妹邦②。乃穆考文王③,肇国在西土④。厥诰毖庶邦庶士⑤,越少正、御事⑥,朝夕曰⑦:'祀兹酒⑧。'惟天降命⑨,肇我民⑩,惟元祀⑪。天降威⑫,我民用大乱丧德⑬,亦罔非酒惟行⑭。越小大邦用丧⑮,亦罔非酒惟辜⑯。

---

① 王:指周公,时为摄政王,故称王。 ② 明:宣明,宣告。大命:指王的命令。妹:即沫,地名,在今河南省淇县,西周时卫国的都城建在这里。邦:国。妹邦,指卫国。 ③ 乃:你。穆:周代制度,自始祖以后,父为昭,子为穆。文王为周第十五代王,故以次序称为穆。考:已死之父。 ④ 肇:始,指始建。国:国都,指丰邑。此句即《诗经》所谓"作邑于丰"。丰在今陕西省长安西北沣河西岸。西土:周在西,故周人称其国为西土,称殷为东土。 ⑤ 诰:上告下称作诰。毖(bì 壁):读作必,敕命,也是上命下的意思。庶邦:指周国众多的附庸国。庶士:指众多的高级卿士。 ⑥ 越:及,与。少正:正人之副,即正人的副职。御事:执掌各种事务的人,指官吏。少正、御事,泛指各级官吏。士的等级高,少正、御事的等级低。 ⑦ 朝夕:指早晚经常告诫。 ⑧ 祀:祭祀。兹:此。这句是说,只有祭祀时可用此酒,即下文"诰教小子饮惟祀"的意思。 ⑨ 降:降下,指天授予。命:天命。 ⑩ 肇:正,治理。 ⑪ 惟:只。元:大。 ⑫ 威:指惩罚刑威。 ⑬ 用:以。乱:混乱,指社会混乱。 ⑭ 罔:无。行:用,指饮酒。酒惟行即惟酒是行,指只知饮酒。 ⑮ 越:及,与。小大邦:指大大小小的国家。用:以,这里有"之所以"的语气。丧:亡国。 ⑯ 辜:罪。酒惟辜,即惟酒是辜,指上天只以饮酒为罪。

酒诰

"文王诰教小子、有正、有事①：'无彝酒②。'越庶国③：'饮惟祀④！德将无醉⑤。'惟曰我民迪小子⑥：惟土物爱⑦，厥心臧⑧，聪听祖考之彝训⑨，越小大德⑩，小子惟一⑪。

"妹土⑫，嗣尔股肱⑬，纯其艺黍稷⑭，奔走事厥考厥长⑮。肇牵车牛⑯，远服贾用⑰，孝养厥父母。厥父母庆⑱，自洗腆⑲，致用酒。

---

① 小子：同姓嫡系之外的小宗，指贵族。有正、有事：皆是指各级官吏。② 彝：常。指经常饮酒。③ 越：及。④ 惟：只。⑤ 德将无醉：即"将以无醉为德"的意思：即便祭祀时可以饮酒，也要不醉，这才是美德。⑥ 迪：引导，教导。⑦ 惟土物爱：即"惟爱土物"。土物，土生之物，指农作物。爱土物，即重视农业生产。⑧ 臧：善。⑨ 聪听：仔细听。彝训：祖考们立下的法度规矩和教诲训条，如文王的诰教。⑩ 越：及。⑪ 惟：只能，有"必须"的语气。一：专一。⑫ 妹土：指妹地的殷民。以下是周公对他们的诰命。⑬ 嗣：继续，有"永远"的意思。股肱：股肱之力，指靠你们的体力。⑭ 纯：专心。其：那，指代"艺黍稷"之事。艺，种植。黍稷，指农作物。⑮ 奔走：指辛勤劳作。事：奉事，孝养。考：父。长：兄。⑯ 肇：敏，指勤快，不辞辛劳。牵车牛：指贩运货物。⑰ 远：远行。服：从事。贾(gǔ古)：商贾。用：财货。⑱ 庆：庆贺，满意子女的孝养而庆贺。⑲ 洗：洗涤器具。腆(tiǎn 舔)：丰盛。指设置酒食十分丰盛。

"庶士、有正越庶伯君子①,其尔典听朕教②。尔大克羞耇惟君③,尔乃饮食醉饱④。丕惟曰尔克永观省⑤,作稽中德⑥,尔尚克羞馈祀⑦。尔乃自介用逸⑧,兹乃允惟王正事之臣⑨。兹亦惟天若元德⑩,永不忘在王家⑪。"

王曰:"封!我西土棐徂⑫,邦君御事小子尚克用文王教⑬,不腆于酒⑭,故我至于今,克受殷之命⑮。"

王曰:"封!我闻惟曰⑯:在昔殷先哲王⑰,迪畏天显

---

① 庶士:众多的高级卿士。有正:指各级官吏。越:及。伯:官长。君子:指贵族中未任官职之人。 ② 其尔:即"尔其"。其,表示命令语气。典:常。 ③ 克:能。羞:进献,指事奉。耇(gǒu 狗):老人。惟:与。君:君主。 ④ 乃:乃能。饮食:指宴饷。 ⑤ 丕:发语辞,无义。惟:思,想。克:能。永:长久。观:观察。省:考察。 ⑥ 作:指行为动作。稽:合乎。中:中正、正直。 ⑦ 尚:庶几,差不多可以。羞:进,此指参与。馈(kuì 溃)祀:指参与帮助君王的祭祀。 ⑧ 介:读为骏,长久。 ⑨ 惟:为。正事之臣:即执政之臣。 ⑩ 若:顺。元:善。天若元德,指上天顺佑帮助善德之人。 ⑪ 忘:读为亡,失去。 ⑫ 棐徂:读为匪且,即"非此"的意思,指不像这般国殷民。 ⑬ 邦君:国君。御事小子:泛指执政官吏。尚:还。 ⑭ 腆(tiǎn 舔):厚,指过度、过分。 ⑮ 克:能。 ⑯ 惟:有。 ⑰ 在:察,考察。哲:圣明。

酒诰

小民①,经德秉哲②,自成汤咸至于帝乙③,成王畏④,相惟御事⑤,厥棐有恭⑥,不敢自暇自逸⑦,矧曰其敢崇饮⑧。越在外服⑨,侯甸男卫邦伯⑩,越在内服⑪,百僚庶尹惟亚惟服宗工⑫,越百姓里居⑬,罔敢湎于酒⑭。不惟不敢⑮,亦不暇⑯。惟助成王德显⑰,越尹人祇辟⑱。

"我闻亦惟曰⑲:在今后嗣王酣身⑳,厥命罔显㉑,于

---

① 迪:攸,所。显:明。天显,指上天的明察。 ② 经:行,奉行。秉:执,也有执行的意思。哲:敬。 ③ 成汤:殷王朝的创建者。咸:读为覃,延续。帝乙:纣王之父。一说帝乙当是祖乙,殷王朝中兴之王,而帝乙为无道之王,不足称誉。 ④ 成王:有成就的王。畏:即"畏天显小民"之畏。 ⑤ 相:尚。惟:只。御事:治理国事。 ⑥ 棐:辅,辅弼之臣。恭:恭敬王事,不敢懈怠。 ⑦ 暇:不理政事而闲暇虚度。逸:游玩娱乐。 ⑧ 矧:何况。崇:充,指大肆放纵。 ⑨ 越:及。外服:王畿之外,即诸侯管辖的地区。 ⑩ 侯甸男卫:外服的四层地区,参见《康诰》注(第121页注②)。邦伯:即诸侯王,皆外服之官。 ⑪ 内服:王畿地区。 ⑫ 百僚:百官。庶尹:众官长。惟:与。亚:次官,副职。惟亚,即"及其亚"。服:事,指担任具体事务的官吏。宗工:宗人,主管祭祀礼仪的官。以上皆内服之官。 ⑬ 百姓:不任职的贵族。里居:住在城内里坊的平民。 ⑭ 罔:无。湎:沉湎。 ⑮ 不惟:不但。 ⑯ 不暇:没有空闲,指忙于正事。 ⑰ 惟:只。显:明。德显即显德的意思。 ⑱ 越:及。尹人:指官吏。祇:敬。辟:法。 ⑲ 惟:有。 ⑳ 后嗣王:后继之王,指殷纣王。酣:沈酣酗酒。酣身是说其身沈酣于酒,纵饮无度。 ㉑ 厥命罔显:即厥德不显的意思。

民祗保①,越怨不易②,诞惟厥纵淫泆于非彝③,用燕丧威仪④,民罔不盡伤心⑤。惟荒腆于酒⑥,不惟自息乃逸⑦。厥心疾很⑧,不克畏死⑨。辜在商邑⑩,越殷国灭⑪,无罹⑫。弗惟德馨香祀⑬,登闻于天⑭。诞惟民怨⑮,庶群自酒⑯,腥闻在上⑰。故天降丧于殷⑱。罔爱于殷,惟逸⑲。天非虐⑳,惟民自速辜㉑。"

王曰:"封!予不惟若兹多诰㉒。古人有言曰:'人无

酒诰

① 祗:敬。保:安定。此句涉上句而省去"罔"字。应是"于民罔祗保",指对于民众不知敬重而安定之。 ② 越:于。怨:民怨。不易:不悔改。 ③ 诞:大。惟:只。诞惟厥,即厥惟诞。纵:放纵。淫:游。泆:乐。彝:法。 ④ 用:因。燕:安,指安乐、享乐。 ⑤ 盡(xī戏):伤痛。 ⑥ 惟:只。荒:大。腆:厚。都是过度、大肆之意。 ⑦ 惟:思考。息:停止。乃:其。逸:过错。 ⑧ 疾:凶恶。很:狠毒。 ⑨ 这句是指纣王自称我有命在天,因而仗恃而不知畏死。 ⑩ 辜:罪。商邑:指殷国。 ⑪ 越:及。 ⑫ 罹(lí离):附离、附从。 ⑬ 惟:有。 ⑭ 登:上升。闻于天是说被天闻知。 ⑮ 诞:大。诞惟民怨,即惟民诞怨的倒装。 ⑯ 庶群:都是众多之意,这里指群臣众官。自酒:私自饮酒。 ⑰ 腥:腥臊恶气,指丑闻恶德。闻在上:即上闻于天。 ⑱ 丧:指亡国之祸。 ⑲ 逸:过错。 ⑳ 虐:暴虐。 ㉑ 惟:只。速:召。 ㉒ 若兹:如此。

于水监①,当于民监②。'今惟殷坠厥命③,我其可不大监抚于时④?予惟曰:汝劼毖殷献臣、侯甸男卫⑤,矧太史友、内史友⑥,越献臣百宗工⑦,矧惟尔事、服休、服采⑧,矧惟若畴⑨,圻父薄违、农父若保、宏父定辟⑩,矧汝⑪,刚

①无:不要。水监:以水为镜。监本指借水照影,引申有鉴戒之意。 ②当于民监:当以民为监。 ③坠:坠失。坠厥命,指丧失天命,失去为天下王的天命。 ④其:表反问语气。监:借鉴。抚:据。时:此。 ⑤劼(jié结):大力。毖:通"必",敕命。献:贤。 ⑥矧:又,表示并列,与"越"义同。这一段的"矧"都是这个意思。太史:官名,负责记录君王的行动。友:左。古文左右像人手形,一反一正,极易混淆。下文的"友"即"右"。太史常在君王之左,故又称左史。内史:官名,负责记录君王的言论,常在君之右,故称右史。 ⑦越:与。百宗工:泛指百官。宗工:宗人,主管祭祀礼仪的官。 ⑧尔事:尔等治事之臣。服休:服事君王休息的近臣。服采:奉事君王朝祭的近臣。 ⑨若:你。畴:三卿,即下文的圻父、农父、宏父。 ⑩圻(qí其)父:指司马,三卿之一,掌管王畿之内的军队。薄:逼迫,指讨伐、打击。违:邪恶。农父:指司徒,三卿之一,掌管土壤及稼穑之事,故称农父。若:顺。保:养。若保,指顺行其职,保养万民。宏父:指司空,掌管土地与城市建筑。定:设定。辟:法度。 ⑪汝:指康叔封本人。

制于酒①。厥或诰曰②:'群饮③。'汝勿佚④,尽执拘以归于周⑤,予其杀⑥。又惟殷之迪诸臣惟工⑦,乃湎于酒,勿庸杀之⑧,姑惟教之⑨。有斯明享⑩,乃不用我教辞⑪,惟我一人弗恤⑫,弗蠲乃事⑬,时同于杀⑭。"

王曰:"封!汝典听朕毖⑮,勿辩乃司民湎于酒⑯。"

【翻译】

摄政王周公这样说:"在这殷商的故都妹邦,我要向

---

① 刚:强,强行。制:断,指禁止。以上"予惟曰"至此,是周公告诫康叔:你要大力敕命殷人的各级官员以及你自己:必须强行禁止饮酒。 ② 或:有人。诰:指报告。 ③ 群饮:指有人聚众酗酒。周初禁酒甚严,以群饮为重罪。 ④ 佚:放纵不管。 ⑤ 尽:全部。执拘:逮捕抓获。归于周:带回周国。 ⑥ 其:表示将要的语气。 ⑦ 惟:有。迪:进用。指殷朝进用的诸臣。惟:与。工:官。 ⑧ 庸:用。 ⑨ 姑:暂且。教:教化训导。 ⑩ 斯:此。明:明显明确。享:通"向",有赏劝教导的意思。此指上述"姑惟教之"的政策。 ⑪ 乃:你。教辞:教导之辞。 ⑫ 惟:则。我一人:君王自称。恤(xù 序):忧恤怜惜。 ⑬ 蠲(juān 捐):明洁,指政事有条不紊,治理得很好。乃事:你的事务,即政事、国事。 ⑭ 时:此,指"不用我教""弗蠲乃事"的这种人。同于杀:与群饮者同样,一律格杀勿论。 ⑮ 典:经常。毖:敕命,指上述诰敕。 ⑯ 辩:俾,使。乃:你。司:治理。司民,指所司之民,指康叔统治的殷民,包括殷人的旧臣。

你康叔宣布明确的重要命令。你那使人肃穆起敬的先父文王，在西方的土地上，开始缔造了我们的国家。他命令训诫众属国君主及众卿士及少正、御事等官员们，从早到晚地说：'只有在祭祀时，才能饮这酒。'思索一下天帝降下的教命吧！天帝开始教我臣民造酒，只是为了那盛大的祭祀。天帝降下威严惩罚，是我民众由于大肆作乱，丧失了德行，究其原因，也无非是饮酒丧乱德行之故。至于大大小小的邦国之所以丧亡，也无非是饮酒过度带来的罪恶。

"文王诰诫教令年轻的后代子孙，及掌管政务的大臣、执事的小臣：'不得经常饮酒。'同时，对于众属国君主也要求他们：'只有在祭祀时才能饮酒，饮酒的时候，又当以道德要求，不至于饮醉。'文王告诫我们的臣民要教导年轻人：只有爱护土地所生长的谷物，他的心思才会善良。一定要聪敏地聆听先祖父辈的常法教训，无论德行大小或年轻人，都要思想纯一。

"殷商故旧妹土的民众，世代是你的股肱之人，要他们专心一意种植黍稷谷物，从而奔走忙碌地事奉他们的父兄和他们的长上。在农事完毕时，让他们牵牛拉车到远方去从事经商，以此来孝敬赡养他们的父母。他们的父母欢喜庆贺，亲自洗涤器具，设置丰盛的膳食，这时就可以饮酒了。

"众卿士、执政的官员及众长官、有德行的君子,希望你们要常听我的训教。只要你们能够进献奉养你们的长老和你们的君长,你们就能参与宴飨,酒足饭饱。只要你们能够长久观察省视你们的作为,而这作为是切合道德准则的,这样你们差不多就能够参与君王馈食祭祀之列。你们假若能自己限制饮酒过度的行为,也就能长期担任国王执政、执事的臣子。这也正是天帝顺佑善德之人,永远不遗忘你们在王家作臣子了。"

摄政王又说:"封啊!我西土周国不像这里殷商臣民、诸侯国君及其御事,年轻的官员,都尚能听用文王的教令,不过度饮酒,因此我周国到今天还能够代替殷商接受天帝赐予的大命。"

摄政王又说:"封啊!我听到有这样说的:考察往昔,殷商先哲圣明君王畏惧天命,及小民的难治,他们德行不邪,秉持明哲敬畏,自成汤王延续到帝乙,所有有成就的完成君王基业的国王,都敬畏天命及小民之怨。这些殷商先哲君王一心治理政事,他们的辅臣,都恭谨地对待职守,不敢擅自偷闲耍懒贪图逸乐,更何况说胆敢聚众豪饮。还有在京畿地区以外治事的侯、甸、男、卫的诸侯,在京畿地区以内治事的各级官员、宗室、贵族,以及退居在家的官员和平民,都不敢沉溺于饮酒之中。不只是不敢,也是没有空暇。他们只顾去帮助国王成就德行从而显赫于世,以及引导官吏敬重王法。

"我还听到这么说:考察近世的殷纣王,本身沉浸在酗饮逸乐之中,他的王业功德不显,安于民众对自己的怨恨,不去改悔自己的作为,大肆放纵游乐,因贪图宴乐,丧失国王应有的威严仪表,臣民没有不感到痛苦和伤心的。他只以饮酒为盛大美好的事,不去考虑自行停止逸乐享受。他的心思凶恶狠毒,自恃有天命在身,不知畏惧死亡。在殷商故都犯下了罪恶,到殷国灭亡之时,没有附从他的人了。他没有美好的德行声誉随着祀祭馨香上达天帝,只有民众的怨恨声。众臣民成群地擅自纵饮,腥臊气味上升到天帝那里。所以,天帝降下丧亡的灾祸给殷商。天帝对于殷商之所以不再爱护,是因为他们只顾安逸享受。天帝并不是暴虐,而只是殷商臣民自动召致来了亡国的罪恶。"

摄政王又说:"封啊!我不能不如此反复诰诫。古人有句话说:'人不要只把水当作镜子,而应当把民当作镜子。'现在殷商丧失了上帝给予的天命,我们难道可以不拿这作为最大的鉴戒吗?我慎重考虑认为,你要严谨训诫殷商遗臣,及侯、甸、男、卫诸侯、左右太史内史,与殷商原贤臣百官,你等治事之臣,你的管理游宴休息、管理朝祭的近臣,还有你的公卿:掌握军事讨伐邪恶的圻父、掌管农业顺保万民的农父、掌管法律定法执法的宏父,况且还有你,都要强行禁止饮酒。那么,有人向你报告说:'有一群人在饮酒。'你就不要放纵他们,全部逮捕,押送回周京,我来把他们杀掉。又要考虑殷商进用诸臣及百官,竟沉溺于饮酒,就不用把他们杀掉,姑且先教育他们。有这样明确的教导,你们还不听从我的教令,我就不能再宽恤你们,你们不勤勉治理自己的政事,这和群饮的罪行同等,格杀勿论。"

摄政王最后说:"封啊!你要经常听取我的教命,不要使你所治理的殷商臣民,沉溺于饮酒之中。"

召　诰

《召诰》是召公的一篇讲话记录。

召公，周成王的太保，与周公同为成王的两大辅臣，是西周初年的一位杰出政治家。成王成年之后，周公还政成王。成王派召公到洛邑正式开始营建洛邑。随后周公也来到洛邑，视察营建情况，召公于是对周公发表一通言论，请他转告成王。召公的讲话记录下来，就是这篇《召诰》。

西周初年所以能出现"成康之治"的局面，重要原因就在于有周公、召公两位政治家卓越深远的政治见解，以及他们的努力辅政。关于周公，《尚书》里有不少记载，而召公的事迹则相对很少,因此《召诰》一篇殊为可贵。

惟二月既望①,越六日乙未②,王朝步自周③,则至于丰④。

惟太保先周公相宅⑤。越若来三月⑥,惟丙午朏⑦。越三日戊申⑧,太保朝至于洛⑨,卜宅⑩。厥既得卜⑪,则

---

① 惟:句首语气词,多用在纪年纪月之前。望:月亮正圆时,即每月的十五。既望,指十六日。 ② 越:过。这句是说,过了六天,到了乙未这天。所谓六天,包括十六日和乙未日两天。乙未即二十一日。以下"越三日""越五日""越七日"同此。 ③ 王:成王。朝:清早。步:出行。周:镐京,周武王的国都,在今陕西长安西北丰镐村附近。 ④ 丰:周文王的国都,在今长安西北沣河西岸,丰镐相距二十五里。所以要从镐到丰,是因为文王的宗庙在丰,武王为营建洛邑,要到文王庙去祭告此事。 ⑤ 太保:指召公。太保为天子三公之一,职责是辅助天子顺于德义。召(shào 绍)公:姬姓,名奭(shì 式),因封地在召(今陕西岐山县西南),故称召公、召伯。先:先于,在周公之前。相:观察选择。宅:居,指洛邑的宫殿、王居、宗庙的地点方位。 ⑥ 越若:发语辞,无义。来:到了。 ⑦ 丙午:三月初三。朏(fěi 匪):新月之光。此指新月刚刚发光之时。 ⑧ 戊申:三月初五。 ⑨ 洛:洛邑,本是殷人的城市,西周时扩建,称成周城,迁殷人居住。又新筑王城,由周人居住。营建洛邑是为了把它作为控制天下的中心。 ⑩ 卜宅:为选择新居而占卜。 ⑪ 既得卜:指占卜完毕。

经营①。越三日庚戌②,太保乃以庶殷攻位于洛汭③。越五日甲寅④,位成⑤。

若翼日乙卯⑥,周公朝至于洛,则达观于新邑营⑦。越三日丁巳⑧,用牲于郊⑨,牛二⑩。越翼日戊午⑪,乃社于新邑⑫,牛一,羊一,豕一⑬。

越七日甲子⑭,周公乃朝用书命庶殷侯甸男邦伯⑮。厥既命殷庶⑯,庶殷丕作⑰。

---

① 经营:测量建筑的地基和位置。 ② 庚戌:三月初七。 ③ 以:用,指驱使。庶殷:众多殷民。攻:治。位:宫殿宗庙等建筑的方位。治位,指按照定好的位置挖掘地基等营建前的准备工作。洛汭(ruì 锐):洛河流入黄河处,洛邑位于此地。 ④ 甲寅:三月十一日。 ⑤ 位成:地基挖好,建筑的位置已经准备就绪。 ⑥ 若:及,到。翼日:明天。乙卯:三月十二日。 ⑦ 达观:遍看,全面视察。营:区域,整个新城的方位和布局。 ⑧ 丁巳:三月十四日。 ⑨ 用牲:用牛羊等畜牲祭祀上帝和祖先。郊:郊祀,营建新城前祭天祭祖。 ⑩ 牛二:用两条牛祭祀,一牛祭上帝,一牛祭周人始祖后稷。 ⑪ 戊午:三月十五日。 ⑫ 乃:又。社:祭祀土地神的祭坛,这里指筑起社坛以祭祀土地神。古代国家除了祭天和祭祖之外,最重要的就是祭土神(社)和祭谷神(稷),故古人又以社稷作为国家的代称。 ⑬ 这三句是说,用一条牛、一头羊、一头猪祭土神,这就是三牲。 ⑭ 甲子:三月二十一日。 ⑮ 书:建筑工程的统筹计划书。周公根据统筹计划发布文书,命令殷人进行工作。侯甸男邦君:泛指殷人的各级首领。 ⑯ 殷庶:即庶殷,众殷。 ⑰ 丕:大。作:进行建筑工程。

太保乃以庶邦冢君出①,取币②,乃复入锡周公③,曰:"拜手稽首④,旅王若公⑤,诰告庶殷越自乃御事⑥:呜呼!皇天上帝⑦,改厥元子⑧,兹大国殷之命⑨,惟王受命⑩,无疆惟休⑪,亦无疆惟恤⑫。呜呼!曷其奈何弗敬⑬?

　　"天既遐终大邦殷之命⑭,兹殷多先哲王在天⑮,越

---

① 以:用,指率领。冢:大。邦君、冢君都指殷人的首领。 ② 币:一种高级的皮制品或丝织品,古人用作礼敬之物,献给别人。召公率殷人出去后,又去拿币。 ③ 锡:赐,指献上。 ④ 拜手:拱手至地,再叩头至手。稽(qǐ启)首:叩头至地。二礼合用,是最敬的礼节。 ⑤ 旅:陈述上言。王:成王。若:于。这句是说,召公通过周公向成王上言,即请周公转达的意思。 ⑥ 诰告:都是宣告的意思。越:与。自乃御事:自其御事以下。御事,治事的官吏。 ⑦ 皇:大。 ⑧ 改:改换。元子:天子。这句是说改换天命,让周代殷为天子。 ⑨ 这句与上句"改厥元子"应读为一句,即"改兹大国殷厥元子之命",现分为两句是为了突出"改厥元子"。 ⑩ 这句是说周王代替殷王接受上天之命,来做天子。 ⑪ 无疆:无界限、无限止。休:美好。 ⑫ 恤:怜恤,指照顾。 ⑬ 曷:何不。曷其,即"其何不"。奈何:为什么。曷其奈何,意思相同,重迭起来表示强调:怎能不敬重上天的赐命? ⑭ 遐:远,久。终:终止。大邦:大国。 ⑮ 哲:圣明。

厥后王后民①,兹服厥命②。厥终③,智藏瘝在④。夫知保抱携持厥妇子⑤,以哀吁天⑥,徂厥亡⑦,出执⑧。呜呼！天亦哀于四方民,其眷命用懋⑨。王其疾敬德⑩！

"相古先民有夏⑪,天迪从子保⑫,面稽天若⑬,今时既坠厥命⑭。今相有殷,天迪格保⑮,面稽天若,今时既坠厥命。今冲子嗣⑯,则无遗寿耇⑰,曰其稽我古人之德⑱？矧曰其有能稽谋自天⑲？

----

① 越:句首助词,无义。后王:指纣王。后民:纣王时的殷民。 ② 兹:通"斯",于是。服:受用。 ③ 终:终了,最后,指纣王的末年。 ④ 智藏:贤智之人藏匿不出。瘝(guān官):病,指病民害民的奸臣。 ⑤ 夫:丈夫,指一般的人。保:读为褓,褓抱,即用襁褓抱着婴儿。携持:搀扶。 ⑥ 吁:呼吁。吁天,向上天呼吁。 ⑦ 徂:读为诅,诅咒。 ⑧ 执:读为絷,指陷在痛苦之中。 ⑨ 眷:眷顾。眷命,眷顾下民的天命。用:因。懋(mào贸):迁移改变。指天命由殷转给周。 ⑩ 疾:急速,赶快。敬德:敬重德行,不要残害民众。 ⑪ 相:看,回顾。有:专用名词词头。有夏即夏朝。 ⑫ 迪:引导。从:顺从。子:读为慈,慈爱,爱护。 ⑬ 面:读为勔,勉力。稽:考察,追求。若:顺。天若,天所引导顺从,指上天的意旨。 ⑭ 坠:丧失。 ⑮ 格:通"假",嘉美。 ⑯ 冲子:年青人,指成王。嗣:继位。 ⑰ 遗:遗留。寿:长寿者。耇(gǒu狗):老人。遗寿耇,即遗老,前代遗留下来的老人。 ⑱ 其:表示岂能的语气。稽:考求。古人:先人先王。 ⑲ 矧(shěn审):何况。矧曰其有能,又岂能。谋:谋求。稽谋自天,从上天那里了解天帝的旨意。

"呜呼！有王虽小①，元子哉！其丕能諴于小民②，今休③。王不敢后④，用顾畏于民碞⑤，王来绍上帝⑥，自服于土中⑦。

"旦曰⑧：'其作大邑⑨，其自时配皇天⑩，毖祀于上下⑪。其自时中乂⑫，王厥有成命⑬，治民今休。'

"王先服殷御事⑭，比介于我有周御事⑮，节性惟日其迈⑯。王敬作所⑰，不可不敬德。

---

① 有王：指成王。 ② 其：指成王。丕：大。諴（xián 咸）：和谐。 ③ 休：美好。 ④ 后：迟缓，指懈怠，与上文"疾敬德"的"疾"对应。 ⑤ 用：以。顾畏：顾忌畏惧，指重视。碞（yán 岩）：险。民碞即民众的艰难，指小民难治。 ⑥ 绍：继承。这句是说，成王继承文王、武王来受用上帝的天命。 ⑦ 服：治理。土中：天下的中心，洛邑位置居天下的中心。这句是说，成王在洛邑治理天下。 ⑧ 旦：周公的名字。 ⑨ 其：将要。下同。作：兴建。大邑：大城，指洛邑。 ⑩ 自时：自此。配：指后稷与文王与上天一起享受周人的祭祀。 ⑪ 毖（bì 毕）：谨慎。上下：上指天上的神，下即地上的神。 ⑫ 自时：自此，由此。中：即上文的"土中"。乂：治理。 ⑬ 成命：上帝赐予的一成不变的天命。 ⑭ 服：用、利用。御事：指治事的臣子官吏。上一节是召公引用周公的话，这以下又是召公自己的话。 ⑮ 比介：比近，接近，意思是说要像周人的官吏们一样。 ⑯ 节性：节制自己的本性，服从周人的制度。迈：进，进步。惟日其迈，是说天天进步。 ⑰ 作所：所作，所为，指言行。

我不可不监于有夏①,亦不可不监于有殷。我不敢知曰②:有夏服天命③,惟有历年④。我不敢知曰:不其延⑤。惟不敬厥德⑥,乃早坠厥命。我不敢知曰:有殷受天命,惟有历年。我不敢知曰:不其延。惟不敬厥德,乃早坠厥命。今王嗣受厥命⑦,我亦惟兹二国命⑧,嗣若功⑨。

　　"王乃初服⑩。呜呼!若生子⑪,罔不在厥初生⑫,自贻哲命⑬。今天其命哲⑭,命吉凶⑮,命历年⑯。知今我

---

①监:借鉴,鉴戒,引以为戒。有夏:即夏朝。下文"有殷"同。 ②我不敢知:意思是说,我不敢保证知道得透彻明白,这是谦虚的说法,表示对历史的变迁,我不敢说完全洞悉其奥秘,但我敢肯定的只有一点,即夏的亡国,只因为他们不敬德。 ③服:受用。 ④历:久。 ⑤不其延:即不延长其天命。 ⑥惟:只,只因为。不敬厥德,指夏的末代王桀暴虐无行。 ⑦嗣:继夏、商之后。 ⑧惟:思索,指借鉴。 ⑨嗣:继续。若:其。功:指永远享用天命而不坠失。 ⑩服:治理国事。 ⑪若:好像。生子:生育小孩。 ⑫罔:无。初生:指幼儿时。 ⑬贻(yí仪):遗留,传给。哲:明智。哲命,指明智的教诲。 ⑭其:将要。命:赐予。哲:圣明。这句是说,现在上天赐给我王是圣明还是愚庸,还未可知。 ⑮句意同上,是赐给吉,还是赐给凶,也未可知。 ⑯句意同上,赐命我王历年是久是短,也未可知。

初服①,宅新邑②,肆惟王其疾敬德③。王其德之用④,祈天永命⑤。

"其惟王勿以小民淫用非彝⑥,亦敢殄戮⑦,用乂民⑧,若有功⑨。

"其惟王位在德元⑩,小民乃惟刑用于天下⑪,越王显⑫。上下勤恤⑬,其曰我受天命⑭,丕若有夏历年⑮,式勿替有殷历年⑯。欲王以小民⑰,受天永命⑱。"

拜手稽首,曰:"予小臣⑲,敢以王之仇民、百君子越

---

① 以下三句接着上面三句说,只知道现在我王刚刚即位治事。 ② 宅:居住。 ③ 肆:今。惟:只。其:表示希望语气。这句说,现在只希望成王尽快敬德,不要迟缓懈怠。 ④ 德之用:即用德,亦敬德之意。 ⑤ 祈:祈求。永:永久。 ⑥ 其惟:表示希望语气。以:因。淫:过度。非彝:非法。 ⑦ 殄(tiǎn忝):灭绝。戮:杀。 ⑧ 用:以此。乂:治理。 ⑨ 若:乃。 ⑩ 其惟:同上。位:用作动词。立:居。元:首。这句说,希望成王位居天下敬德用德的首位,为万民表率。 ⑪ 乃:于是。惟:句中语气词,帮助判断。刑:通"型",效法。用:施行。 ⑫ 越:发扬。显:光明。 ⑬ 上下:指成王与万民。恤:忧恤,指为国家尽心操劳。 ⑭ 其:将。 ⑮ 丕:大。若:似。历:久。 ⑯ 式:用,以。替:废。勿替,有不要不如的意思,与"丕若"一正一反,表达同样意思。 ⑰ 以:与。 ⑱ 以上二句是说,希望成王为民而勤恤治国,使国泰民安,以便受用上天的永久性天命。 ⑲ 小臣:召公自我谦称。

友民①,保受王威命明德②。王末有成命③,王亦显④。我非敢勤⑤,惟恭奉币⑥,用供王能祈天永命⑦。"

【翻译】

二月十六日以后,到第六天乙未这一天,成王一早从周的镐京出行,来到丰邑。

太保召公先于周公去观察洛邑的方位。到了三月初三这天,新月刚刚发光。又过了三天到戊申这天,太保一早赶到了洛邑,为选定新城的方位进行占卜。占卜完毕,就进行规划。又过了三天到庚戌这天,太保于是命令众殷民在洛河进入黄河处开始挖掘新城的地基。过了五天到甲寅这天,地基挖好。

到第二天乙卯日,周公一早来到洛邑,他全面视察了新城的区域。三天之后的丁巳日,用牲举行郊祀,用

---

① 以:用,指率领。仇民:指殷民。《尚书》其他篇章又称为迷民、顽民。百君子:众多的贵族、官员。越:与,及。友民:指周民。 ② 保:安,这里有忠诚顺从的意思。受:接受,奉行。威命:即王命,威是尊称。 ③ 末:终。 ④ 显:光显,光明。 ⑤ 勤:慰劳,指对周公的慰劳。这几句与召公讲话前取币入锡周公相应,是说我献币给周公,不敢作为对周公的慰劳。 ⑥ 惟:只。这句是说,只是恭敬地通过周公向王奉币。 ⑦ 用:以。供:供奉。

了两条牛。到第二天戊午日,又在新城筑社坛祭土地神,用了一头牛,一头羊,一头猪。

七天之后的甲子日,周公一早发布文告命令众殷人的大小首领开工。命令了众殷人之后,众殷人便大举进行新城的建筑工程。

太保率领殷人的众首领出外,取出币帛,又进来献给周公,并说道:"我先行拜手稽首大礼,再通过周公向成王陈述一点看法,并向众殷人及自御事以下的所有周人宣告:啊!皇天上帝,改变了让这个大国殷做天子的天命,而让我王接受天命,上天的美意无疆无限,上天的恤念也是无疆无限。啊!对此又岂能不敬呢?

"上天久已要终止大国殷的祚命,只是因为这个殷国有不少圣明的先王的神灵在天,才使他们的后王纣王和臣民,能继续受用天命。但是到了纣王的末年,智贤藏匿不出,害民的奸佞在位。殷人都知道携妇抱子,向上天呼吁他们的哀苦,诅咒纣王快死,以求逃出苦难。啊!上天也很哀怜四方的民众,它眷顾下民的天命因此转移。王要赶快敬德!

"回顾古代夏朝先民,上天也曾引导顺从他们,慈爱保护他们,他们也曾勉力考察追求上天的旨意,但到今天他们早已坠失了天命。现在再看看殷人,上天也曾引导嘉美保佑过他们,他们也曾勉力追求过上天的旨意,可到现在也早已坠失了他们的天命。现在年轻的成王继承了王位，但已没有几个具有丰富经验的遗老了，这怎能了解我们古人的美德，又怎能了解上天的意旨呢？

"啊！现在的成王虽然年轻，但他毕竟是上天的长子啊！他若能很好地与民众和洽和谐，则能使现在的国家美好安定。成王不敢迟缓懈怠，十分顾忌、畏惧治理民众的艰难险恶。成王来继承上帝的天命，自会在此天下的中心来治理天下。

"周公曾说过：'成王将兴建新的大城，将要在这里祭祀我们的始祖后稷和文王，与皇天相配，他还要谨慎地祭祀天上地下的神祇。他将从这天下的中心来治理天下，成王具有上帝赐予的成命，因此他来治理万民，必能使国家美好安宁。'

"成王先要利用殷人的首领和官员，使他们亲近我们周人的官员，节制自己的性情，日日有所进步。王要敬慎自己的所作所为，不可不敬重德行！

"我们不可不以夏朝作为鉴戒，也不可不借鉴殷人的历史。我不敢肯定说我知道：夏朝为什么能享用天命并很长久。我也不敢肯定地说知道：夏人为什么不能永远延续他们的天命。但我只知道一点，正是因为他们不敬重德行，才过早地丧失了他们的天命。我不敢肯定地说：殷人为什么受用了天命，并享国长久。我也不敢肯定地说,殷人不能延续天命的原因。我只知道一点:正是因为他们不敬重德行,才过早地坠失了他们的天命。现在成王继续承受了天命,我们也要借鉴这两国的命运,继续他们追求永享天命而不坠失的事业。

"成王乃是刚刚开始治国治民。啊!这就像生育小孩一样,无不是在他刚刚出生年纪尚幼的时候,传授给他明智的教命。现在上天是赐予圣明还是愚庸,是赐予吉祥还是凶灾,所赐的年限是长久还是短暂,我们都不知道。我们只知道我王是刚刚开始治国治民,刚刚宅居新的王城,现在我们只希望我王能尽快敬德。我王要敬德用德,以此来祈求上天赐命永久。

"还希望我王不要因小民之过而过度使用非法刑罚,但也要敢于杀戮灭绝刁顽的小民,以此治理民众,才能有所成功。

"我还希望我王能位居天下敬德用德的首位,这样小民才能效法我王而德治施行于整个天下,以发扬我王的明德。君臣上下、同心协力,勤奋操劳,这样,将可以说:我们周人受用上天的赐命,会像夏朝一样历年长久,会不止殷人那样久远。我希望我王与臣民一道,共同接受上天的永久赐命。"

召公又行了拜手稽首大礼,然后说:"我作为一个小臣,敢向王保证:一定率领王的仇民、众多贵族、官员和我周的民众，忠诚奉行我王的威命和明德。我王终于有上天的成命，必将如文王、武王一样光显于天下。我不敢慰劳周公，只是想恭敬地奉上币帛，用来供奉于王，使王能祈求上天的永久赐命。"

无　逸

　　这是周公告诫周成王的一篇言论。无逸，就是不要逸豫游乐的意思。这就是周公告诫成王的主旨。

　　据记载，周武王灭商之后不久便死去了，而他的儿子成王还在襁褓之中，于是周公便代成王摄行政事。后来成王长大，周公还政于成王，但仍担心成王年轻无知，耽好逸乐，荒废国事，于是未雨绸缪，作《多士》《无逸》告诫年轻的成王。

　　本篇中心明确，层次清楚，文字也较《尚书》其他篇章流畅易懂。故有人怀疑本篇文字成于春秋末年。但从其中的思想看，符合周公当时的时代特征,仍可视作西周初年的文字。

本文从一个侧面反映了西周初年统治者刚得天下又惧怕得而复失的复杂心情,也反映了周公这个政治家善于总结历史经验和教导年轻君主的深心睿智,值得一读。

周公曰:"呜呼! 君子所其无逸①。先知稼穑之艰难,乃逸②,则知小人之依③。相小人④:厥父母勤劳稼穑⑤,厥子乃不知稼穑之艰难⑥,乃逸。乃谚⑦,既诞否⑧,则侮厥父母⑨,曰:'昔之人无闻知⑩。'"

① 君子:贵族之在官位者。所:用作动词,位于、处在,指君子处于官位,为国执政。其:表示希望、祈求语气。逸:逸豫游乐。 ② 乃:才,再。这两句是说,要先知道稼穑的艰难,才能逸安松弛。据王充说,这句有一张一弛的意思,知其艰难,这是张,知后再逸,这是弛,皆所必需。 ③ 依:隐也。隐,痛。指小民稼穑的辛劳苦衷。下文讲"勤劳稼穑"和"知小民之劳",都与此有关。 ④ 相:看。小人:指小民、平民,或一些不懂事的青年。 ⑤ 勤劳:说明上文"稼穑之艰难"和"小人之依"。 ⑥ 乃:却。 ⑦ 乃:于是。谚:同"喭(yàn 厌)",强悍粗鲁。 ⑧ 诞:大。否:不。指上文不知稼穑之艰难。诞否,根本不知道务农之艰难。 ⑨ 侮:轻视,看不起,这里有嘲笑、嘲弄的意思。 ⑩ 这句是农人的儿子在嘲笑其父母。昔之人,指其父母以及祖先。无闻知,指不懂得逸豫玩乐,只知耕作。

周公曰:"呜呼! 我闻曰:昔在殷王中宗①,严恭寅畏②,天命自度③,治民祗惧④,不敢荒宁⑤。肆中宗之享国⑥,七十有五年⑦。其在高宗⑧,时旧劳于外⑨,爰暨小人⑩。作其即位⑪,乃或亮阴⑫,三年不言。其惟不言,言乃雍⑬。不敢荒宁,嘉靖殷邦⑭。至于小大⑮,无时或怨⑯。肆高宗之享国,五十有九年。其在祖甲⑰,不义惟

---

① 中宗:成汤的玄孙大戊,商朝第十位帝王。他在位时复兴殷商盛势,故号为中宗。 ② 严:庄严。寅:敬重。古人认为严恭在外貌,敬畏在内心,虽都是敬,但有区别。 ③ 度:法度。自度治民,是说自用法度治理民众。 ④ 祗:敬。祗惧即上文的敬畏,正因为敬畏祗惧,所以才不敢荒宁。 ⑤ 荒:荒废政务。宁:安宁,指心情放松,不再操劳国事。 ⑥ 肆:因此。享国:指在位。 ⑦ 有:又。 ⑧ 高宗:武丁,小乙之子,商第二十三位帝王,也是殷商中兴之王,死后奉为高宗。 ⑨ 时:指武丁当太子时。旧:久。劳:劳作。于外:在外。据说武丁之父让他长期生活在民间。 ⑩ 爰:于是。暨(jì 记):与,和。小人:平民。 ⑪ 作:及,等到。 ⑫ 或:有。亮阴:指三年守丧之礼。 ⑬ 雍:和谐。二句是说,守丧时他一直不说话,丧毕始言,群臣听到皆和谐欢喜。 ⑭ 嘉:美善,指美好的政治。靖:治理安定。 ⑮ 小:小民,卑贱之人。大:大臣及贵族,尊贵之人。 ⑯ 时:此。或:有。无时或怨,即无或怨时。 ⑰ 祖甲:武丁之子帝甲,商朝第二十五位帝王。

王①,旧为小人②。作其即位,爰知小人之依③,能保惠于庶民④,不敢侮鳏寡。肆祖甲之享国,三十有三年。自时厥后⑤,立王生则逸⑥。生则逸,不知稼穑之艰难,不闻小人之劳,惟耽乐之从⑦。自时厥后,亦罔或克寿⑧,或十年⑨,或七八年,或五六年,或四三年。"

周公曰:"呜呼!厥亦惟我周⑩,太王、王季⑪,克自抑畏⑫。文王卑服⑬,即康功田功⑭。徽柔懿恭⑮,怀保

① 不义:不以为对。惟:为。据说祖甲有兄叫祖庚,应继武丁为王,但武丁以为祖甲贤明,打算废祖庚而立祖甲,祖甲以为这样为王是不义的,便逃到民间。这就是不义惟王。 ② 旧:久,长期。 ③ 爰:于是。 ④ 保:安定。惠:施恩惠,给民众带来好处。庶民:众民,指黎民百姓。因为祖甲了解民间实情,故继位后能为民着想,保惠庶民。 ⑤ 时:此。 ⑥ 立王:所立之王,在位之王。 ⑦ 惟:只。耽乐:嗜好沉湎于享乐。从:追随,追求。惟耽乐之从,即惟从耽乐,只追求享乐。 ⑧ 罔:无。或:有。克:能。寿:长命。 ⑨ 或:有的人。十年:指在位时间,下同。 ⑩ 厥:其,指殷王中宗、高宗、祖甲三王。厥亦惟我周,即"惟我周厥亦有"之意,是说在我们周国也有类似的先王,如太王、王季、文王。 ⑪ 太王:周公的曾祖父。王季:周公的祖父。二人都是周人贤明有为的先祖,对周国的兴盛起有重要作用。 ⑫ 克:能。抑:谦抑。畏:指敬畏天命。能自我谦抑,敬畏天命,可知他们也是无逸的。 ⑬ 卑服:卑贱之事,指从事卑贱之事,如下句的康功、田功。 ⑭ 即:就,指亲自参与。康功:指使民众安居之事。田功:田地耕作之事。 ⑮ 徽:和善。柔:仁慈。懿(yì 艺):美好。

小民①,惠鲜鳏寡②。自朝至于日中昃③,不遑暇食④,用咸和万民⑤。文王不敢盘于游田⑥,以庶邦惟正之供⑦。文王受命惟中身⑧,厥享国五十年⑨。"

周公曰:"呜呼!继自今嗣王⑩,则其无淫于观、于逸、于游、于田⑪,以万民惟正之供⑫,无皇曰⑬:'今日耽

---

① 怀:安抚。保:安定。 ② 惠:爱护,施恩惠。鲜:善待。 ③ 朝(zhāo 招):早上。昃(zè 仄):偏斜。日中昃,是指太阳过了中午偏斜到西方,也就是到了下午。 ④ 遑(huáng 黄):闲暇。暇:空闲。食:吃饭。 ⑤ 用:以此,指以这种辛勤处理政务。咸:和洽。和:和谐,有安定的意思。 ⑥ 盘:乐,指盘桓游乐,贪恋不舍。游:游玩。田:田猎,围猎。 ⑦ 庶邦:众邦,指周的势力范围。正:政,指政务。供:读为"恭",指恭敬其事。以庶邦惟正之供,即"惟以庶邦正是恭",指只是恭敬地处理众邦的政务。 ⑧ 受命:指接受天命代替殷朝为天下王。中身:中年。 ⑨ 享国:指在位时间。 ⑩ 继:继文王之后。继自即自继,意为自继文王之后。 ⑪ 其:表示希望、应该的语气。则其,即则应该。淫:放纵恣意。观:古人认为看应当看的叫"视",看不当看的叫"观",可知,观就是观赏声色犬马之类的东西。逸:安逸戏乐。 ⑫ 本句与上文"以庶邦惟正之供"同。 ⑬ 皇:通"遑",空暇。无皇与上文"不遑暇"同义。

乐①。'乃非民攸训②,非天攸若③,时人丕则有愆④。无若殷王受之迷乱⑤,酗于酒德哉⑥!"

周公曰:"呜呼!我闻曰:'古之人犹胥训告⑦,胥保惠⑧,胥教诲,民无或胥诪张为幻⑨。'此厥不听⑩,人乃训之⑪,乃变乱先王之正刑⑫,至于小大⑬,民否则厥心违怨⑭,否则厥口诅祝⑮。"

周公曰:"呜呼!自殷王中宗及高宗及祖甲及我周

---

① 耽乐:沉湎于逸乐。 ② 乃:则,就是。攸:所。训:顺,顺同,赞同。 ③ 若:顺,顺同,赞同。 ④ 时:这,指逸豫游乐,不顺乎民心天意。丕:大。丕则,即"则丕"。愆:本指过错,这里是意动用法,指以此为错,即不满、怪罪之意。这句接着上面的文意,是说:这样一来,人们就会大为不满而怪罪你。 ⑤ 无若:不要像。受:纣王的名字。迷:迷惑,指不明民心天意。乱:乱行,暴行。 ⑥ 酗(xù序):酒醉发疯。酒德:即《酒诰》里所说的"德将无醉"。酗于酒德,就是以酗酒行为破坏正当的酒德。 ⑦ 胥:互相。训:劝说教育。 ⑧ 保:安定。惠:爱护。 ⑨ 或:有人。诪(zhōu周)张:古代成语,说大话骗人。幻:说似是而非的虚幻的话来欺骗人。 ⑩ 听:听从,遵从。此厥不听,即厥不听此。此,指上述关于古人的良好传统。这句是说,若有人不听从这些告诫。 ⑪ 训:顺从。指有些臣子顺着帝王的意思,而不劝谏其错误。 ⑫ 乃:于是。变乱:改变扰乱。正刑:正常的法度。 ⑬ 小大:指大大小小的法度。 ⑭ 否:即"不",通"丕",丕则,于是。违:违背不从,此指不同意,反对。 ⑮ 诅(zǔ阻)祝:咒骂。

文王,兹四人迪哲①。厥或告之曰②:'小人怨汝詈汝③。'则皇自敬德④。厥愆⑤,曰:'朕之愆⑥。'允若时⑦,不啻不敢含怒⑧。此厥不听⑨,人乃或诪张为幻,曰:'小人怨汝詈汝⑩。'则信之⑪。则若时⑫:不永念厥辟⑬,不宽绰厥心⑭,乱罚无罪⑮,杀无辜⑯。怨有同是⑰,丛于厥身⑱。"

---

① 兹:此。迪:作,由。哲:明智。 ② 或:有人。之:指中宗等人。 ③ 詈(lì利):骂。 ④ 皇:《汉石经》作"兄",益,更加。敬德:敬重而谨慎地修德。 ⑤ 厥:指上句的小人。愆(qiān牵):指责,即小人的怨詈,也包括他们所怨詈的问题。 ⑥ 愆:过错。这句是说,中宗等人对于小人的怨詈愆议,都引为自己的过错,这正是皇自敬德。 ⑦ 允:信,实在。若时:如是。这句是说实在是如此。 ⑧ 不啻(chì翅):不但。含怒:埋怨生气。此句有省略。古人补充为:不但不敢含怒,反而希望经常听到,以便了解自己治国的得失。 ⑨ 此句意为:后来的王不能遵从中宗等人的这种做法。 ⑩ 这三句是说,于是就有人来欺瞒哄骗他,说:"小人怨你、骂你。" ⑪ 信:相信。因为不能听取小人的指责,所以就要听信这些谎言。 ⑫ 则若时:于是就这样,引出以下的句子。 ⑬ 永念:常常记在心头。辟:法度,即上文"先王之正刑"。 ⑭ 宽绰其心:指心胸宽广。 ⑮ 罚:惩罚。 ⑯ 辜:罪。二句是说,昏庸之王在奸佞的欺哄下,乱杀无罪之人,这正是上文"变乱先王之正刑"的例证。 ⑰ 同:会合。是:此。同此,即集中会同于此。此,即这种昏君。 ⑱ 丛:集中积聚。

周公曰:"呜呼!嗣王其监于兹①!"

【翻译】

周公说:"唉!君子在位为政,不要自图安逸享受!先要了解种田耕作的艰难,你就是处在安逸享受的地位,那么就知道种田的农民的隐痛了。看看种田的农民,他们的父母辛勤劳动种田,他们的儿子却不知道种田的艰难,于是贪图安逸享受,就恣肆强横,甚至于轻侮他们的父母,说:"他们是往昔过来的老人,没有见闻和知识。"

周公又说:"唉!我听说:往昔殷王中宗,容貌庄严、心存敬畏,以天命自作法度,治理民众严谨震惧,不敢怠惰政事,贪图安乐,因此中宗享有国祚七十五年之久。殷王高宗为太子时长久在外行役劳碌辛苦,和农夫等平民生活在一起,了解了他们的忧劳隐痛。到他刚即帝王位,就有谨守服丧居庐守孝之礼,三年不言国事。他不轻易谈国事,一谈国事,就和群臣雍容和谐,深得拥护。他不敢荒废国事,自求安宁,因此使殷国治理得和平安宁。全国无论卑贱小民到尊贵大臣,没有哪个怨恨王

---

① 嗣王:后继之王,指成王。其:表希望语气。监:借鉴,鉴戒。兹:此,指上述全篇的告诫。

的。因此,高宗能在位享有国祚五十九年。到殷王祖甲,他认为代兄为王不合道义,故逃到民间,长久做平民。到他即王位时,就能知道民众的隐痛,能施加恩惠于民,甚至于对鳏寡孤独无依无靠的人也不敢轻侮。因此,祖甲享有国祚达三十三年之久。从此以后,所确立的国王,生来就贪图安逸。生来就贪图安逸,他们不知道种庄稼的艰难,不了解种田人的劳苦,只是沉溺在享乐之中。自此以后,在位的君王,也没有哪个人能够长寿的,他们在位的时间,有的十年,有的七八年,有的五六年,有的三四年。"

周公又说:"唉!这也只有我周国的太王、王季,能自我抑制,敬畏天命。文王做过卑贱的事,如安定居民,修筑道路,种田耕作,皆有功迹。他善良仁慈,恭谨和蔼,安抚平民,甚至于爱惠鳏寡,善待孤独。他从早上到下午,竟忙碌到无空暇吃饭,用这种辛勤劳苦和洽安定万民。文王不敢沉溺于打猎游乐之中,只是以处理众邦国政务为恭谨之事。因此,文王是在中年时才接受上帝赐予的天命,他却享有国祚长达五十年。"

周公说:"唉!现今承嗣帝位的王啊,不要在观赏、安逸、游玩、田猎等方面,放纵恣肆,要恭谨地来处理万民的政务。这样,就没有空暇来说:'今天该沉溺于欢乐之中!'不这样,他就不是民众所顺从的,更不是天帝所赞同的,这个人就有了罪过。不要像殷王受那样心志被迷乱,以至于以酗酒来代替德政啊!"

周公又说:"唉!我听说:'古代的人还能相互告诫,相互爱护,互相教诲,民众没有人相互诳骗诈惑的。'执政者如不听从上述的告诫,臣下就会顺从他,奉承他,就会变乱先王的大、小政令刑法,民众于是就内心怨恨,口中就会诅咒了。"

周公说:"唉!自殷王中宗,到高宗,到祖甲,到我们的周文王,这四个人是开明圣哲的君主。若有人告诉他们说:'小人在怨你骂你。'那么他们就更加躬自敬重德教。他们有了过错,都会说:'这是我的过错。'实在是如此,他们不只是不敢含怒,反而希望经常听到这些话,用以反省自己的德行。因为这些话不经常听到,就会有人欺骗诈惑说:'小人在怨你骂你。'你就会相信这些话,于是就会这样:不再经常记住先王的法度,不能宽绰自己的心胸,乱罚那些无罪的人,乱杀那些无辜的人。这样,必然会万众同心怨恨,这些怨恨都集中在你的身上。"

周公说:"唉!嗣位的王啊!你要把这些作为鉴戒啊!"

《古代文史名著选译丛书》编纂始末①

马樟根　安平秋

今年1月,《古代文史名著选译丛书》已经出到100种101册(其中《史记》为2册)。4月份,最后的33种也已交稿。这样,全书133种即将呈献在读者面前。② 一项服务当前、造福子孙的普及优秀古代文化、进行爱国教育的大工程将宣告完工了。回想

---

①《古代文史名著选译丛书》由全国高校古籍整理研究工作委员会主持,古委会直接联系的18个古籍整理研究所为主要承担机构,章培恒、安平秋、马樟根任主编。本文于1992年4月,在《中国典籍与文化》杂志发表时题目是《衣带渐宽终不悔——〈古代文史名著选译丛书〉编纂始末》。这次将此文作为2011年修订版附录时,去掉原正标题,以原副标题为正式题目。 ② 至1994年4月最后定稿时,全书为135部。2011年修订版出版时,全书为134部。

这一套丛书动员18所院校,投入100余人,从1985年筹划,1986年起步,到今天已度过了六七年的岁月,个中甘辛令人难以忘怀。

一、北大·苏州·北大
——酝酿与筹划

编纂这样一套丛书,起因于1981年7月。当时陈云同志派人到北京大学召开了小型座谈会。来人告诉与会人员陈云同志最近在考虑两个问题:一个是粮食,一个是古籍整理。对古籍整理,特别讲到陈云同志说:"整理古籍,为了让更多的人看得懂,仅作标点、注释、校勘、训诂还不够,要有今译,争取做到能读报纸的人多数都能看懂。有了今译,年轻人看得懂,觉得有意思,才会有兴趣去阅读。今译要经过选择,要列出一个精选的古籍今译的目录,不要贪多。"这就是后来收入《陈云文选》的那段话。1981年9月,中共中央关于整理我国古籍的文件中一字不差地强调了这段话。1983年,教育部成立了全国高校古籍整理研究工作委员会(简称古委会)。古委会主任周林同志根据中央和陈云同志意见,提出了组织力量今译古籍。但在当时,经过"文革"后的古籍整理工作百废待兴,加之一些学者对今译重要性的认识远非今日之深,这一工作一拖便是两年。

1985年5月,全国高校古委会在苏州召开了一届二次会议。周林同志在会上作了"人才培养和古代文化遗产普及问题"的专题发言,他分析了"解放三十多年来,由于'左'的路线干扰,特别是'文化大革命',几乎使我们的民族文化到了中断的边缘,出现了对古代文化知之不多,或知之甚少的状况",要教育界的同志"做好普及古代文化知识的工作",搞好古籍的今注今译就是其中的一项重要任务,"高校古委会要在这方面多下功夫","高校古籍研究所无疑应担负起这个任务"。他针对当时一些人轻视古籍的今注今译思想,呼吁"我们对于选本、今译等有利于教育普及的东西,应承认它的学术价值","《昭明文选》、《唐诗三百首》、《古文观止》等是地道的选本,流传几百年,发生那么大的影响,能说没有水平?""专家们深入浅出的在对古文献研究基础上的译注,对普及古代优秀文化作出重大贡献,算不算高水平的成果呢?""古文既要译得恰当、准确,又要通畅易懂,难度是很大的","为了社会主义精神文明建设,古籍整理这方面也要作出应有的贡献"。一石激浪,沉寂了几年的今译古籍的话题又重新活跃起来。会上作了一番认真讨论。

经过这样的酝酿,1985年7月,全国高校古委会科研项目评审组的专家们聚集在北京大学勺园,筹划编纂一套古籍今译的精选本。初步定名为《古籍今译丛书》,议定了收书范围、内容,开列了65种书的选目。并决定由科研项目专家评审组召集人、复旦大学古籍所所长章培恒教授和参加过陈云同志在北大召开座谈会、当时古委会主管科研工作的副秘书长安平秋同志共同负责,与秘书处同志一起具体筹划。经几个月的筹备,决定由古委会直接联系的18个高校古籍研究所承担这一工作,组成编委会,并开列出89种书的选目,对选译的进度、规划亦作了设计。此时,几家出版社闻讯而至,表示愿意出版这套丛书。最早与我们联系的巴蜀书社的段文桂社长以其强烈的事业心和对古籍今译的高度重视感动了我们,于是决定邀请巴蜀书社编辑参加第一次编委会议。

二、从柳浪闻莺到桂子山上
——第一批书稿的产生

第一次编委会于1986年5月在杭州柳莺宾馆

召开。宾馆因位于西湖十景之一的柳浪闻莺而得名。全国高校18个研究所的24名学者和有关人员聚集在这风景胜地，无心观柳，亦无从闻莺，紧张地工作了三天。会上确定了这套普及读物的读者对象是具有中等以上文化程度的广大群众，收书范围是中国历代文史名著，在名著之中选精。所选书目，在原拟89种基础上，调整为116种，以形成系统性。书中选篇之下分提示、原文、今译、注释四部分，以译文为主，书前有一前言，书中加入必要的插图。每一种书约10—15万字。书名确定为《古代文史名著选译丛书》。即由到会的24位学者组成丛书编委会①，由章培恒、马樟根、安平秋三人任主编。于是，编委会立即分成三个工作小组，在会上分头拟出丛书《凡例》、《编写、审稿要求》和《文稿书写格式》，经讨论修改而形成了正式文字以供遵循。在

---

① 编委会成员按姓氏笔划排列为：
马樟根　平慧善　安平秋　刘烈茂　许嘉璐　李国祥
金开诚　周勋初　宗福邦　段文桂　董治安　倪其心
黄永年　章培恒　曾枣庄（以上为常务编委）
王达津　吕绍纲　刘仁清　刘乾先　李运益　杨金鼎
曹亦冰　常绍温　裴汝诚（以上为编委）

自报的前提下，会上确定了由18个研究所承担前40部书的今译任务，要求当年年底完成。古委会主任、丛书顾问周林同志对编委会的认真精神、紧张工作和显著效率十分赞赏，他说："有这样一个编委会，有这样一个阵容来做选译，使中国历史文化不成为专属于少数人的知识，使能看报纸的人都读懂自己民族的名著，从而树立爱国主义、建设有民族特色的精神文明，其意义之深远将会在今后愈益显露出来。"于是，有1000余万字的大工程便从这里开始了。

当年年底各研究所的今译书稿经作者完成后，由在该所的编委审改，到1987年5月和7月，先后在复旦大学、北京大学两次召开编委审稿会。这种审稿会，说是审稿，实际上是边审边改，字斟句酌，每部书稿必须经一位编委、一位常务编委审改把关，经过这样两道工序，汇总到主编手中，40部书稿通过了25部。其中部分书稿赶印了样稿征求意见。于是周林同志于7月6日在北大临湖轩邀请了在京十几位专家与正在审稿的编委一起研究样稿，探讨如何提高这套今译丛书的质量。

根据编委审稿发现的问题和在京专家们的意

见,丛书亟需在已定体例的框架中条列细则;而出版单位巴蜀书社又希望所出版的第一批书为50种以便形成格局,需要布置各研究所承担新的今译任务。这样,1987年10月在华中师范大学再次召开了编委会,又请了詹锳、周振甫、刘乃和、郭预衡等先生到会指导。

这次编委会是在审看了40部书稿后,发现了一大批问题亟待解决,又是在需要布置下一步任务的状况下召开的,是一次承上启下的编委会。会议初期人们的心情和会上的气氛都带有一股子严峻与急切。会议从5日到8日开了三天半。但是在4日晚上开预备会的时候,主编章培恒先生尚未到会,亦无他是否已从上海出发的信息。5日上午就要开会了,主编不到怎么行呢?5日一早,我们还在沉睡之中,忽听有人敲门,进来的竟是章培恒!一向风神儒雅、衣装考究的章培恒先生,此时却是一身尘灰、满脸疲惫地站在我们面前。原来他从上海出发前,未能买到机票或船票,而上海到武汉又没有直达火车,只好先从上海坐火车到长沙,为了不误5日上午开会,他只好买了一张无座票,夜间从长沙出发一直站到武昌。一向走路辨不清方向的章培恒竟然在夜色未退之前一人从车站摸到了华中师大专家楼，也算是奇迹。

这次编委会，从体例的具体要求、书中选篇是否合适、每篇中的提示如何写、注释的繁简和语言的通俗性，到今译的信达雅如何把握，例如李白的"床前明月光，疑是地上霜，举头望明月，低头思故乡"这样通俗的诗是否要翻译，在在都有热烈的争论。感谢编委们的努力和学术判断力，最后终于形成了一个《细则》，一切争论都统一在这个《细则》之上。编委们在思想明确、分得新的任务之后，显出了少有的轻松与喜悦。会议结束正逢中秋节，华中师大的专家楼坐落在武昌桂子山上。入夜，桂子山上举行了赏月茶会，几张方桌，围坐着全体编委和特邀到会专家。天上明月如盘，清辉洒地，眼前桂树葱茏，桂花飘香，华中师大古籍研究所的青年们活跃席间，引得王达津先生即席赋诗，刘乃和先生清唱京戏。这气氛预示着《古代文史名著选译丛书》克服了当前的困难，第一批50种书稿有如母腹中的胎儿，快要降生了。

三、华清池畔的愁云与人民大会堂的欢欣
——第一批书出版的柳暗花明

1988年10月，编委们再一次聚会，审定第一批

50种中的最后十几部书稿、修改第二批50种中的大量书稿。这次审稿是在"东枕华山、西拒咸阳"的骊山脚下、华清池滨的一家招待所。这里古朴而不豪华,食宿低廉却又实惠,审稿之余,左近有风景可观,有古迹可寻,房内有43℃的温汤沐浴,编委们平日在校教学、科研工作劳累而生活清苦,如今有这样的环境与条件,感到少有的惬意。我们作为主编觉得这也是对编委们两年来辛勤编书的一点补偿。但这种适意之感很快就被两件事所驱散。一件事是书稿的质量。几十部书稿交来,一经审看,从注译到体例完全合格的只有寥寥可数的三四部,余下的,或需小改,或需大改,或根本不合格需退回重作。另一件事是出版发行成了问题。到会的巴蜀书社副社长黄葵同志向大家通报了即将印出的16本书征订情况,最多的为2000册,且只有一种,其他的只有800册、600册,甚至还有200余册。征订不佳,销路不畅,出书要赔钱,出版社为难,编委们又无计可施。此时哪还有心思去观赏"骊山云树郁苍苍,历尽周秦与汉唐"?也无心绪登上骊山,在烽火台前怀古。且正值"楼台八月凉"的节令,只有华清池畔秋雨飘零,秋风瑟瑟,落叶满地,不禁愁从中来。

愁则愁，还得面对现实。书稿质量不高，靠到会近20位编委十余天的逐字逐句修改，终于改定合格17部。至于出版发行问题，巴蜀书社的朋友费心经营，重新设计了封面，改进装帧，将第一批50种装成一个大礼品盒，成盒出售。从中又得到了国家新闻出版署、四川省出版局、国家教委有关司局和各省市教委的大力支持与帮助，发行面得以扩大，到了1990年下半年，首印的17000套书销售已尽，而问讯、索购者不绝，出版社决定再印30000套以供读者需要。中央领导了解到这套丛书受到读者欢迎，欣然为丛书题辞，江泽民总书记的题辞是"做好我国古代文史名著的传播普及工作，使其古为今用，以发扬爱国主义精神"，李鹏总理的题辞是"弘扬民族优秀文化，激励爱国主义精神"。李瑞环同志也为丛书题了辞。

1990年8月22日在北京人民大会堂召开了《古代文史名著选译丛书》出版座谈会。国家领导人李铁映、胡乔木、李德生、陈丕显、廖汉生、王汉斌、王光英出席，古委会主任周林同志主持会议，到会各阶层代表在发言中从不同角度肯定了这套书对促进青少年了解历史、了解国情、了解中华民族优秀传统文化、进行爱国主义教育的作用。时值盛夏,却逢喜雨,洗却了编委和出版社同志心中的忧虑,参加大会堂座谈会的13名常务编委会后又聚集在北京大学讨论深入认识编纂这套丛书的重大意义,研究审改好第二批书稿的具体措施。

四、从舜耕山庄耕作到乐山脚下
——第二批书稿审定之艰辛

第二批书稿50种50册,是1987年10月布置的。1988年10月在西安审改合格的17部书稿都已放入第一批中以替换原已通过的第一批中质量较差的书稿。这样,第二批书稿当时余下的已完成的有20余部,却都不合格,只能要求译注者和编委再行修改。一年之后,编委会汇总来重新改好和新译注交来的第二批书稿44部,1989年10月于济南千佛山下的舜耕山庄召开了常务编委审稿会。

这次审稿,发现的问题较多。有的选目不当,如有的史书重要人物的传不选却选入无关紧要而又无学习价值的人物传,有的名家的文章名篇不选却选入既无文学价值又无借鉴意义的篇章。有的选译所依据的底本不当,舍弃现有的精校本却用校勘不善的本子。有的虽有根据地改动正文却只在注释中说"原作……据别本改",而不指明据何本改。有的注释过繁,不利于一般读者阅读;有的注释极简,该注释的地方不注,使广大读者看了译文仍无法理解全文的精妙;而更多的是注释不准确,对一字一词增字为训而歪曲了原意的毛病也较普遍。译文问题更多,有的语义不清,佶屈聱牙,把"三顾频烦天下计,两朝开济老臣心"译为"三顾茅庐频烦为天下大计,两朝事业开济尽老臣忠心",有的为追求通俗生动把"君何往"中的"君"译为"老兄"。每篇的提示,有的写得很长变成了文章赏析,有的虽短却不中肯綮,用了类似"文革"期间的语言扣几顶大帽子了事。看这样的稿子都觉头痛,改这样的稿子更感艰难。审稿历时12天,参加审稿、当时63岁的黄永年先生向我们诉苦:"头发掉了一把!"有的编委说,千佛山古称历山,传说舜在这里开垦耕耘,十分艰辛,我们住在舜耕山庄,预示着我们为这套丛书垦荒笔耕,也要历尽千辛。这次审稿,经过审改之后,有10部书稿合格,有11部需会后再作小的修改方能通过,余下的均需作大的改动或另请人译注。

这次审稿还研究了所选戏曲部分的曲辞如何今译问题,如规定了念白中出现的诗句只注不译,上、下场诗只注不译,注而不译的文字在译文中应予保留以便参读。

到1990年12月,丛书常务编委在广州研究丛书如何体现批判继承精神、如何提高第二批书稿质量时,又有18部书稿完成交来。为了保证书稿质量,使1991年上半年召开的常务编委审稿会得以顺利进行,我们三个主编从广州匆匆赶到北京,用了一周时间审看了这18部书稿,通过了7部,11部退改。当我们看完最后一部书稿碰头研究时,已是12月31日。在1990年一年内,我们仅仅通过了这7部书稿。加上1989年在舜耕山庄通过的10部,也仅有17部,尚差33部方足第二批的50部。

1991年5月,常务编委来到古称嘉州的乐山市,在乐山山腰的八仙洞宾馆继续审改第二批书稿。改稿时间只有十天,要力争将50部推出,其繁重可知。我们在改稿过程中,不禁想到明万历年间嘉州知州袁子让的诗句"登临始觉浮生苦",想到这套丛书从起步到这次审改已历时5年,当初怎么也没有想到完成这套丛书会是如此的艰辛,真是登临始觉笔耕苦啊！

这次乐山审稿，通过了 13 部书稿。好在余下的 20 部书稿只须小改即可在会后交稿，终于在 1991 年 8 月将这 20 部书稿全部改定交巴蜀书社。第二批 50 部历时近四年终于定稿了。

五、在金陵古都作光辉的一结
——第三批书稿的完成

1990 年 12 月据出版社的要求，这套丛书出齐当为 150 种，到乐山会上又修正为 110 种至 125 种，最后数字的确定根据最后一次审稿结果而定，合格的即入选，不合格的不再修改选入。根据这一共识，今年 4 月中旬，我们一部分常务编委聚集到六朝古都南京，从已经交来的 35 部书稿中选择经小改合格的书稿。经过十一天的劳作，选择、改定 33 部，由到会的常务编委、巴蜀书社的段文桂总编和编委、巴蜀书社的刘仁清副编审带回成都，将经由他们的继续辛苦而使《古代文史名著选译丛书》以 133 部、1500 万字之数呈献给热爱中华文化的读者。

这套丛书从 1986 年 5 月起步，历时整整六年，平日繁细工作不计，仅编委大小审稿会就开了 12 次之多。丛书的发起人、顾问、古委会主任周林同志先后参加了8次审稿会,每次都自始至终和大家在一起,听取审稿情况,了解遇到的问题;当我们遇到困难的时候他为我们鼓劲,当我们感到欣喜的时候他提醒我们不可大意。这次他又和我们一起来到虎踞龙蟠的石头城下,为我们督阵,看我们能否为这套丛书作出光辉的一结。

此时此刻,我们与这次会议的东道主、丛书常务编委、南京大学的周勋初先生漫步在中山陵旁,想到今译丛书已基本完成,自然感到如释重负,但理智却使我们不敢轻松,我们期待着全书133部出齐之后专家、读者的评头品足。

1992年4月26日

(原载《中国典籍与文化》1992年第1期)

古代文史名著选译丛书(修订版)总目

丛书主编:章培恒　安平秋　马樟根

书　名	译注者		审阅者		定价/元
老子注译	张玉春	金国泰	安平秋		16.00
庄子选译	马美信		章培恒		18.00
荀子选译	雪　克	王云路	董治安	许嘉璐	19.00
申鉴中论选译	张　涛	傅根清	董治安		18.00
颜氏家训选译	黄永年		许嘉璐		15.00
论语注译	孙钦善		宗福邦		28.00
孟子选译	刘聿鑫	刘晓东	黄　葵		20.00
墨子选译	刘继华		董治安		14.00
韩非子选译	刘乾先	张在义	黄　葵		19.00
新序说苑选译	曹亦冰		倪其心		25.00
论衡选译	黄中业	陈恩林	许嘉璐		22.00
管子选译	缪文远	缪　伟	董治安		18.00
列子选译	王丽萍		周勋初	倪其心	19.00
韩诗外传选译	杜泽逊	庄大钧	董治安		24.00
盐铁论选译	孙香兰	刘光胜	黄永年		13.00
诗经选译	程俊英	蒋见元	刘仁清		19.00
楚辞选译	徐建华	金舒年	金开诚		15.00
贾谊文选译	徐　超	王洲明	安平秋		17.00
司马相如文选译	费振刚	仇仲谦	安平秋		11.00
文心雕龙选译	周振甫		黄永年		17.00
庾信诗文选译	许逸民		安平秋		18.00

书　名	译注者		审阅者		定价/元
嵇康诗文选译	武秀成		倪其心		18.00
谢灵运鲍照诗选译	刘心明		周勋初		18.00
陈子昂诗文选译	王　岚		周勋初	倪其心	14.00
李白诗选译	詹　锳	等	章培恒		22.00
高适岑参诗选译	谢楚发		黄永年		23.00
元稹白居易诗选译	吴大逵	马秀娟	宗福邦		21.00
柳宗元诗文选译	王松龄	杨立扬	周勋初		18.00
李贺诗选译	冯浩菲	徐传武	刘仁清		20.00
杜牧诗文选译	吴　鸥		黄永年		14.00
李商隐诗选译	陈永正		倪其心		19.00
唐五代词选译	亦　冬		董治安		16.00
唐文粹选译	张宏生		周勋初		18.00
晚唐小品文选译	顾歆艺		平慧善		15.00
黄庭坚诗文选译	朱安群	等	倪其心		18.00
辛弃疾词选译	杨　忠		刘烈茂		24.00
元好问诗选译	郑力民		宗福邦		20.00
宋四家词选译	王晓波		倪其心		16.00
黄宗羲诗文选译	平慧善	卢敦基	马樟根		15.00
吴伟业诗选译	黄永年	马雪芹	安平秋		20.00
方苞姚鼐文选译	杨荣祥		安平秋		20.00
明代散文选译	田南池		马樟根		22.00
顾炎武诗文选译	李永祜	郭成韬	刘烈茂		23.00
张衡诗文选译	张在义 韩格平	张玉春	刘仁清		16.00
汉诗选译	张永鑫	刘桂秋	金开诚		19.00

书　名	译注者		审阅者		定价/元
阮籍诗文选译	倪其心		刘仁清		15.00
三曹诗选译	殷义祥		刘仁清		22.00
诸葛亮文选译	袁钟仁		董治安		16.00
陶渊明诗文选译	谢先俊	王勋敏	平慧善		16.00
杜甫诗选译	倪其心	吴　鸥	黄永年		17.00
王维诗选译	邓安生	等	倪其心		20.00
刘禹锡诗文选译	梁守中		倪其心		20.00
孟浩然诗选译	邓安生	孙佩君	马樟根		18.00
韩愈诗文选译	黄永年		李国祥		20.00
欧阳修诗文选译	林冠群	周济夫	曾枣庄		20.00
曾巩诗文选译	祝尚书		曾枣庄		19.00
苏轼诗文选译	曾枣庄	曾　弢	章培恒		23.00
李清照诗文词选译	平慧善		马樟根		15.00
陆游诗词选译	张永鑫	刘桂秋	黄　葵		24.00
朱熹诗文选译	黄　珅		曾枣庄		20.00
文天祥诗文选译	邓碧清		曾枣庄		20.00
袁枚诗文选译	李灵年	李泽平	倪其心		20.00
王安石诗文选译	马秀娟		刘烈茂	宗福邦	18.00
二程文选译	郭齐		曾枣庄		25.00
范成大杨万里诗词选译	朱德才	杨　燕	董治安		26.00
萨都剌诗词选译	龙德寿		曾枣庄		28.00
王阳明诗文选译	吴　格		章培恒		18.00
徐渭诗文选译	傅　杰		许嘉璐	刘仁清	17.00
李贽文选译	陈蔚松	顾志华	李国祥	曾枣庄	17.00

书　名	译注者		审阅者	定价/元
三袁诗文选译	任巧珍		董治安	17.00
王士禛诗选译	王小舒	陈广澧	黄永年	13.00
龚自珍诗文选译	朱邦蔚	关道雄	周勋初	13.00
尚书选译	李国祥 谢贵安	刘韶军 庞子朝	宗福邦	14.00
礼记选译	朱正义	林开甲	宗福邦	22.00
左传选译	陈世铙		董治安	22.00
国语选译	高振铎	刘乾先	黄葵	22.00
战国策选译	任重	霍旭东	李国祥	21.00
吕氏春秋选译	刘文忠		董治安	17.00
吴越春秋选译	郁默		倪其心	19.00
史记选译	李国祥 张三夕	李长弓	安平秋	29.00
汉书选译	张世俊	任巧珍	李国祥	22.00
后汉书选译	李国祥 彭益林	杨昶	许嘉璐	24.00
三国志选译	刘琳		黄葵	18.00
晋书选译	杜宝元		许嘉璐	15.00
宋书选译	漆泽邦	孔毅	李国祥	19.00
南齐书选译	徐克谦		周勋初	18.00
北齐书选译	黄永年		安平秋	16.00
梁书选译	于白		周勋初	17.00
陈书选译	赵益		周勋初	17.00
南史选译	漆泽邦		安平秋	22.00
北史选译	习忠民		段文桂	20.00

书 名	译注者		审阅者	定价/元
周书选译	黄永年		安平秋	15.00
魏书选译	杨世文	郑 晔	周勋初	22.00
隋书选译	武秀成	赵 益	周勋初	20.00
新唐书选译	雷巧玲	李成甲	黄永年	16.00
旧唐书选译	黄永年		章培恒	16.00
新五代史选译	李国祥 姚伟钧	王玉德	周勋初	18.00
旧五代史选译	贾二强		黄永年	17.00
宋史选译	淮 沛	汤 墨	曾枣庄	20.00
辽史选译	郭 齐	吴洪泽	曾枣庄	21.00
金史选译	杨世文 李文泽	祝尚书 王晓波	曾枣庄	21.00
元史选译	樊善国	徐 梓	马樟根	25.00
明史选译	杨 昶		李国祥	20.00
清史稿选译	黄 毅		章培恒	22.00
贞观政要选译	裴汝诚	王义耀	黄永年	18.00
史通选译	侯昌吉	钱安琪	周勋初	16.00
资治通鉴选译	李 庆		黄永年	16.00
续资治通鉴选译	徐光烈		安平秋	24.00
通鉴纪事本末选译	谈蓓芳		章培恒	21.00
洛阳伽蓝记选译	韩结根		章培恒	22.00
梦溪笔谈选译	李文泽		曾枣庄	20.00
徐霞客游记选译	周晓薇	等	黄永年 马樟根	17.00
宋代笔记小说选译	朱瑞熙	程君健	金开诚等	19.00
关汉卿杂剧选译	黄仕忠		刘烈茂	24.00

书名	译注者		审阅者		定价/元
明代文言短篇小说选译	黄 敏		章培恒		23.00
六朝志怪小说选译	肖海波	罗少卿	刘仁清		21.00
世说新语选译	柳士镇	钱南秀	周勋初		23.00
水经注选译	赵望秦 张艳云	段塔丽	许嘉璐		19.00
唐人传奇选译	周 晨		曾枣庄		24.00
唐五代笔记小说选译	严 杰		周勋初		21.00
大慈恩寺三藏法师传选译	贾二强		黄永年		18.00
宋代传奇选译	姚 松		周勋初		22.00
聊斋志异选译	刘烈茂 欧阳世昌		章培恒		22.00
阅微草堂笔记选译	黄国声		安平秋		16.00
清代文言小说选译	王火青		周勋初		23.00
历代名画记图画见闻志选译	周晓薇	赵望秦	黄永年		17.00
容斋随笔选译	罗积勇		宗福邦		20.00
唐才子传选译	张 萍	陆三强	黄永年		24.00
西厢记选译	王立言		董治安		20.00
元代散曲选译	彭久安		刘烈茂	金开诚	21.00
日知录选译	张艳云	段塔丽	黄永年		22.00
桃花扇选译	张文澍		章培恒	段文桂	15.00
牡丹亭选译	卓连营		章培恒		14.00
长生殿选译	戚海燕		董治安		20.00